001 세계

들어가는 글

디지털 이미지의 홍수 속에 살고 있습니다. 그 이미지들은 순간순간 지나치며 재빨리 변해버리는 허상이기에 눈과 마음이 머무를 여지나 깊이 새길 가치가 없는 게 대부분입니다. 공해처럼 쏟아져 들어오는 이미지들 속에서 우리는 좋고 나쁜 것에 대한 판단력도, 기억력도 점점 잃어가고 무뎌진 눈만 껌뻑일 뿐입니다.

여기, 전 세계의 아름다운 명화들을 꺼내온 것은 그 때문입니다. 지치고 피로한 몸과 영혼에 신선한 숨을 불어넣는 게 예술의 한 역할일 테니까요. 그리고 한 작품 한 작품을 좀 더 오래 들여다보도록 '틀린 그림 찾기'라는 재미있는 방법을 도입했습니다. 남녀노소 누구나 할 수 있는 이 쉬운 놀이는 최고의 두뇌 트레이닝 방법입니다. 틀린 부분을 찾으려 그림을 자세히 보는 동안 관찰력, 집중력, 기억력을 활발히 이용해야 하거든요.

김홍도, 이중섭, 보티첼리, 다 빈치, 반 고흐, 르누아르 같은 동서양을 대표하는 위대한 화가들의 작품 30점을 선정했습니다. 처음부터 순서대로 찾을 필요는 없습니다. 내가 특히 좋아하는 그림부터 찾아봐도 되고 낯선 그림과 먼저 친해져도 되니 눈과 손이 가는 대로 자유롭게 명화들과 시간을 보내기 바랍니다.

원작은 왼쪽에, 틀린 그림은 오른쪽에 배치했으니, 두 그림을 오가며 틀린 부분들을 찾아보세요. 틀린 그림은 7개, 15개, 20개씩 숨어 있습니다. 어떤 것은 눈에 바로 띄기도 하고 어떤 것은 기상천외한 방법으로 숨겨져 있어, 모두 다 찾고 나면 뿌듯한 성취감마저 느껴질 것입니다.

'명화 속 틀린 그림 찾기'는 재미있는 놀이입니다. 한번 시작하면 멈추지 못하고 빠져버리는 흥미진진한 놀이입니다. 두뇌와 감성이 동시에 자극되는 유익한 놀이입니다. 예술의 힘이 발현되는 창조적인 놀이입니다. 메마른 일상의 더께를 걷어내 주는, 오늘날에 딱 맞는 놀이입니다.

차례

들어가는 글 ... 2

암굴의 성모 / 레오나르도 다 빈치 ... 4
청년 바쿠스 / 미켈란젤로 메리시 다 카라바조 ... 6
설교 후의 환상 / 폴 고갱 ... 8
아를의 반 고흐의 방 / 빈센트 반 고흐 ... 10
굶주린 사자가 영양을 덮치다 / 앙리 루소 ... 12
서당 / 김홍도 ... 14
도원 / 이중섭 ... 16
마에스타 / 치마부에 ... 18
그리스도의 체포(유다의 키스) / 조토 디 본도네 ... 20
베누스의 탄생 / 산드로 보티첼리 ... 22
호라티우스 형제의 맹세 / 자크루이 다비드 ... 24
올랭피아 / 에두아르 마네 ... 26
정원의 여인들 / 클로드 모네 ... 28
물랭 드 라 갈레트의 댄스홀 / 오귀스트 르누아르 ... 30
아니에르에서의 물놀이 / 조르주 쇠라 ... 32
사과 바구니가 있는 정물 / 폴 세잔 ... 34
아크바르 대제에게 항복하는 수르잔 하다 / 무쿤드, 산카르 ... 36

아르놀피니 부부의 초상 / 얀 반 에이크 ... 38
아테네 학당 / 라파엘로 산치오 ... 40
건초 마차 세 폭 제단화(부분) / 히에로니무스 보스 ... 42
네덜란드 속담 / 대大 피터르 브뤼헐 ... 44
베르툼누스 / 주세페 아르침볼도 ... 46
카드놀이에서 다이아몬드 에이스로 속임수를 쓰는 사람 / 조르주 드 라 투르 ... 48
회화의 기술 / 요하네스 페르메이르 ... 50
카를로스 4세의 가족 / 프란시스코 데 고야 ... 52
알제리의 여인들 / 외젠 들라크루아 ... 54
화가의 작업실 / 귀스타브 쿠르베 ... 56
아델레 블로흐바우어의 초상 I / 구스타프 클림트 ... 58
한희재의 밤 연회 풍경(부분) / 고굉중 ... 60
나카무라 가부키 극장 병풍(부분) / 히시카와 모로노부 ... 62

틀린 그림들 ... 64

암굴의 성모
레오나르도 다 빈치
1483-1486년, 패널에 유채, 199×122cm, 루브르 미술관, 파리

청년 바쿠스
미켈란젤로 메리시 다 카라바조
1595-1597년, 캔버스에 유채, 95×85cm, 우피치 미술관, 피렌체

설교 후의 환상
폴 고갱
1888년, 캔버스에 유채, 73×92cm, 스코틀랜드 국립미술관, 에든버러

아를의 반 고흐의 방
빈센트 반 고흐
1889년, 캔버스에 유채, 57.3×73.5cm, 오르세 미술관, 파리

굶주린 사자가 영양을 덮치다
앙리 루소
1905년, 캔버스에 유채, 200×310cm, 바이엘러 미술관, 바젤

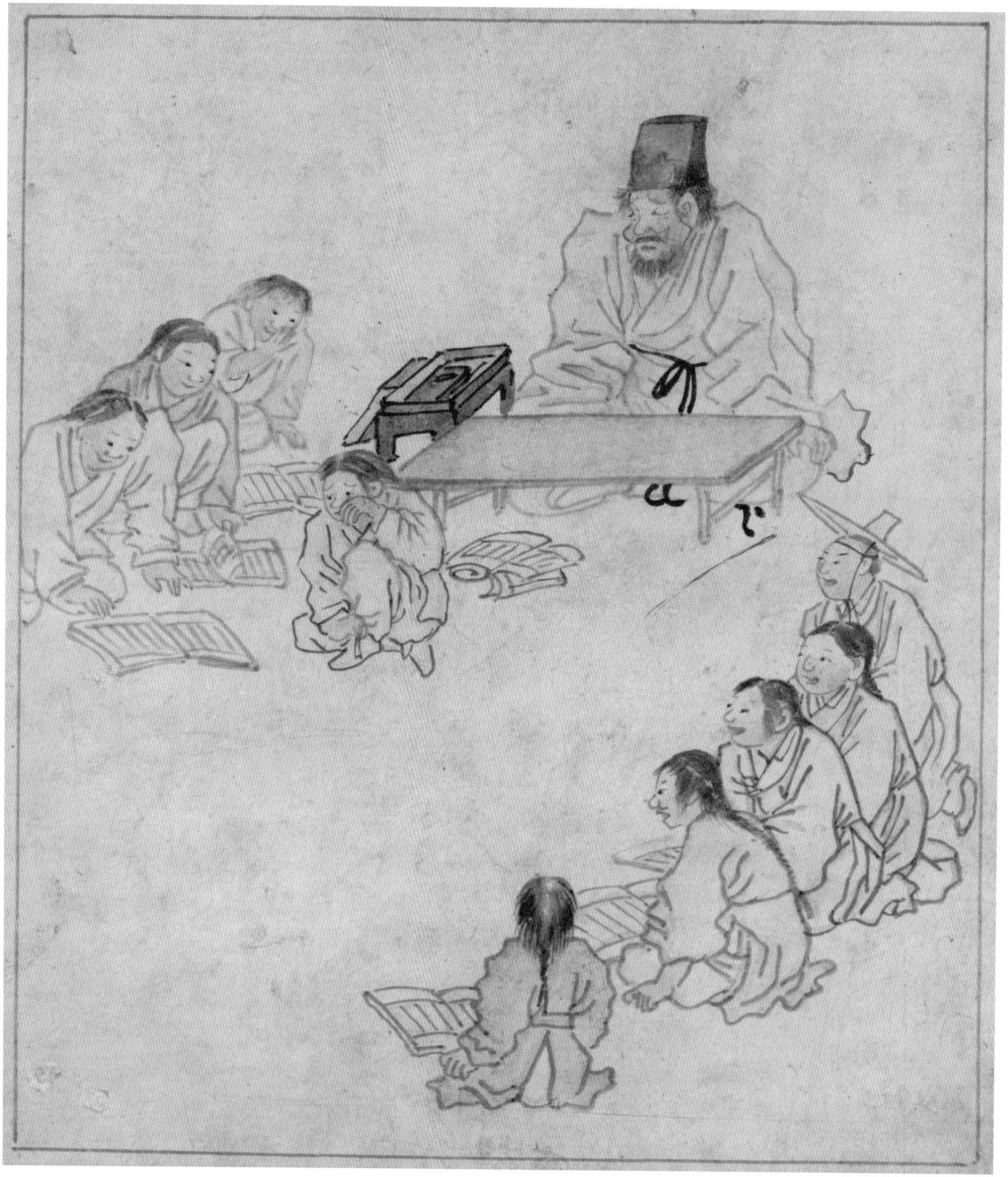

서당
김홍도(1745-1816년 이후)
종이에 옅은 채색, 26.9×22.2cm, 국립중앙박물관

도원
이중섭
1954년, 종이에 유채, 65×76cm, 개인 소장

15

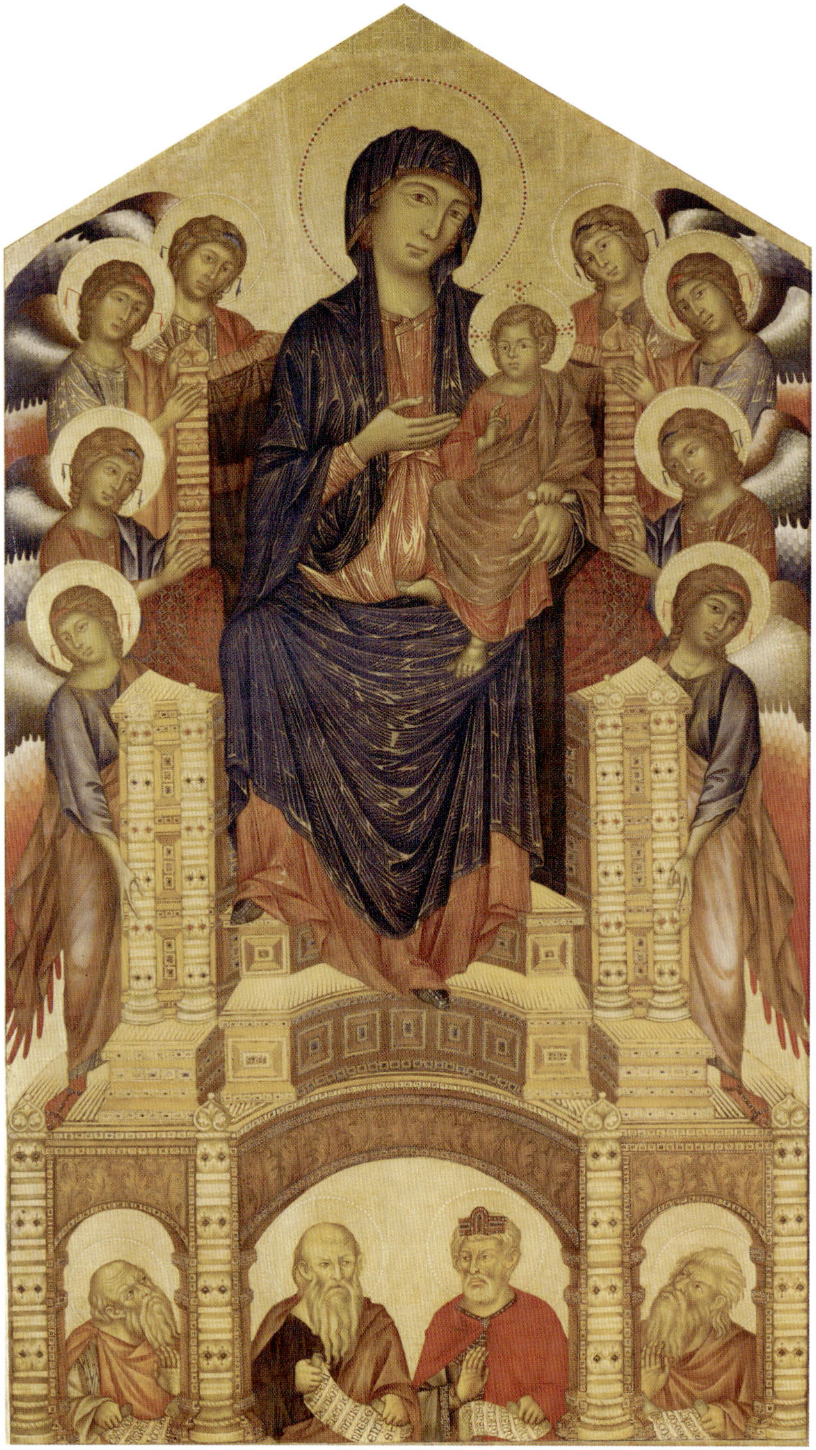

마에스타

치마부에

1280-1290년, 패널에 템페라, 385×223cm, 우피치 미술관, 피렌체

15

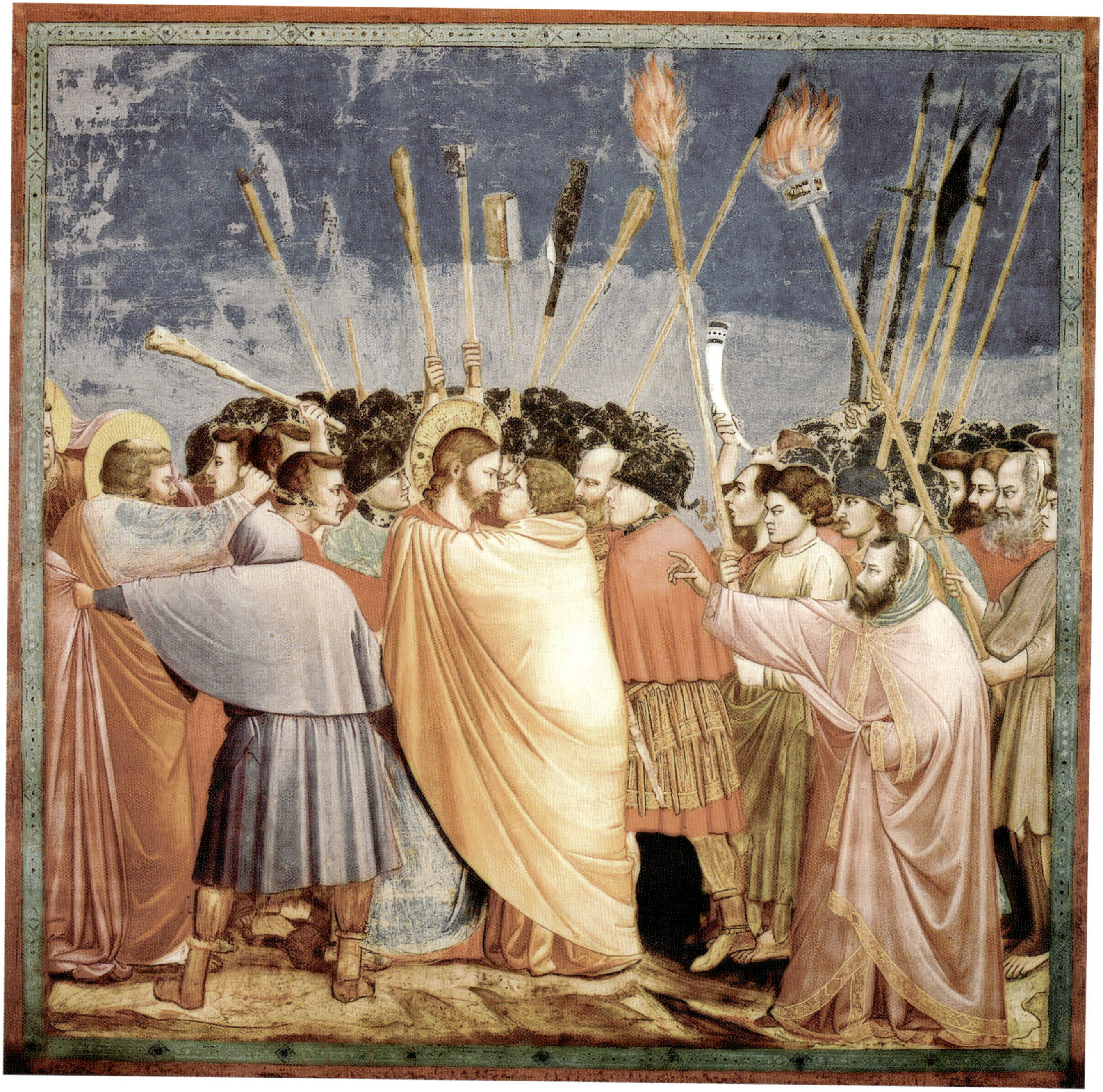

그리스도의 체포(유다의 키스)

조토 디 본도네

1304-1306년, 프레스코, 200×185cm, 스크로베니 예배당, 파도바

15

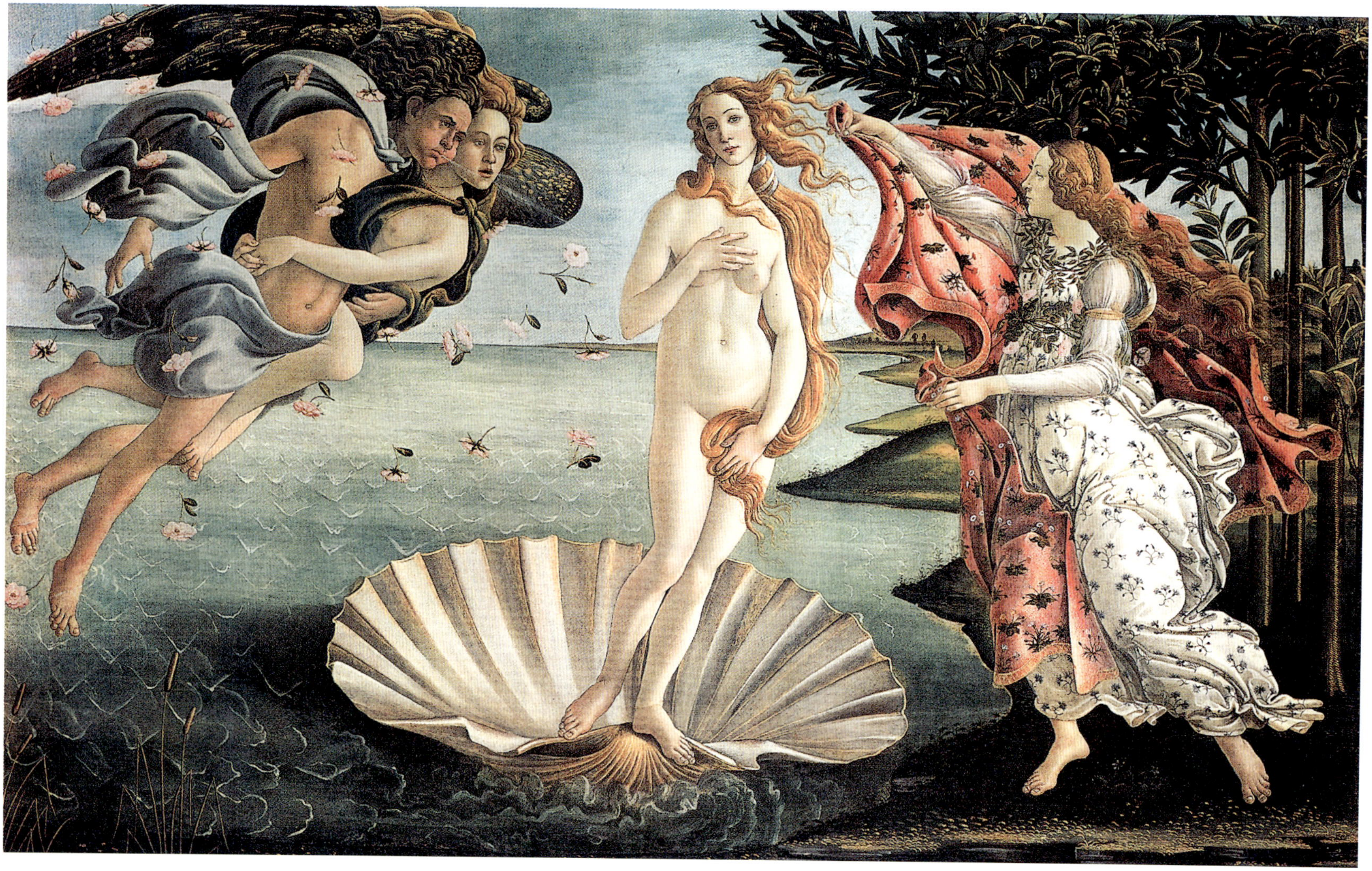

베누스의 탄생

산드로 보티첼리
1483-1485년, 패널에 템페라, 172.5×278.5cm, 우피치 미술관, 피렌체

호라티우스 형제의 맹세
자크루이 다비드
1784년, 캔버스에 유채, 330×425cm, 루브르 미술관, 파리

올랭피아
에두아르 마네
1863년, 캔버스에 유채, 130.5×191cm, 오르세 미술관, 파리

15

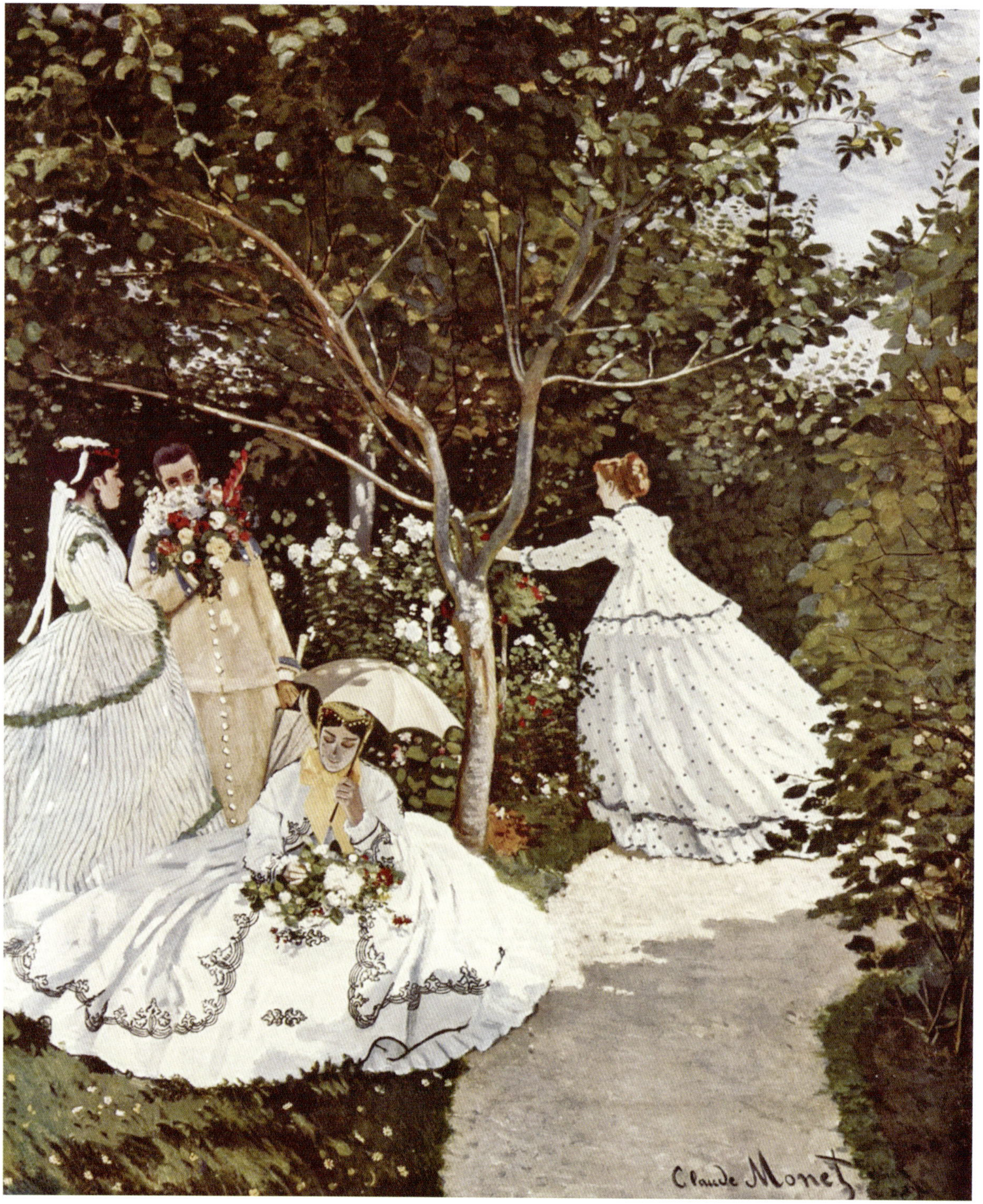

정원의 여인들
클로드 모네
1866년경, 캔버스에 유채 255×205cm, 오르세 미술관, 파리

15

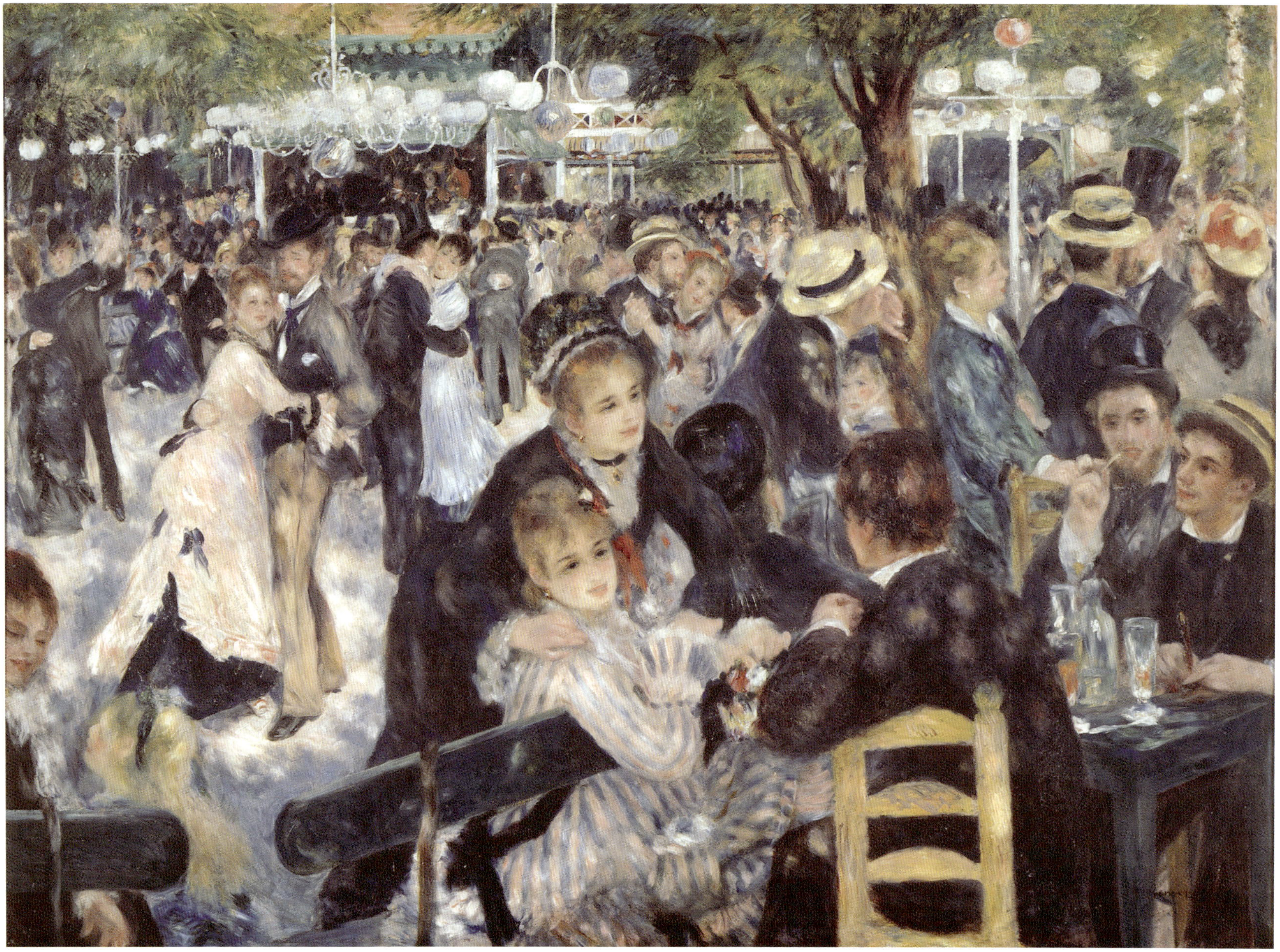

물랭 드 라 갈레트의 댄스홀
오귀스트 르누아르
1876년, 캔버스에 유채, 131.5×176.5cm, 오르세 미술관, 파리

아니에르에서의 물놀이
조르주 쇠라
1884년, 캔버스에 유채, 201×300cm, 내셔널 갤러리, 런던

사과 바구니가 있는 정물
폴 세잔
1895년, 캔버스에 유채, 65×80cm, 시카고 아트 인스티튜트

15

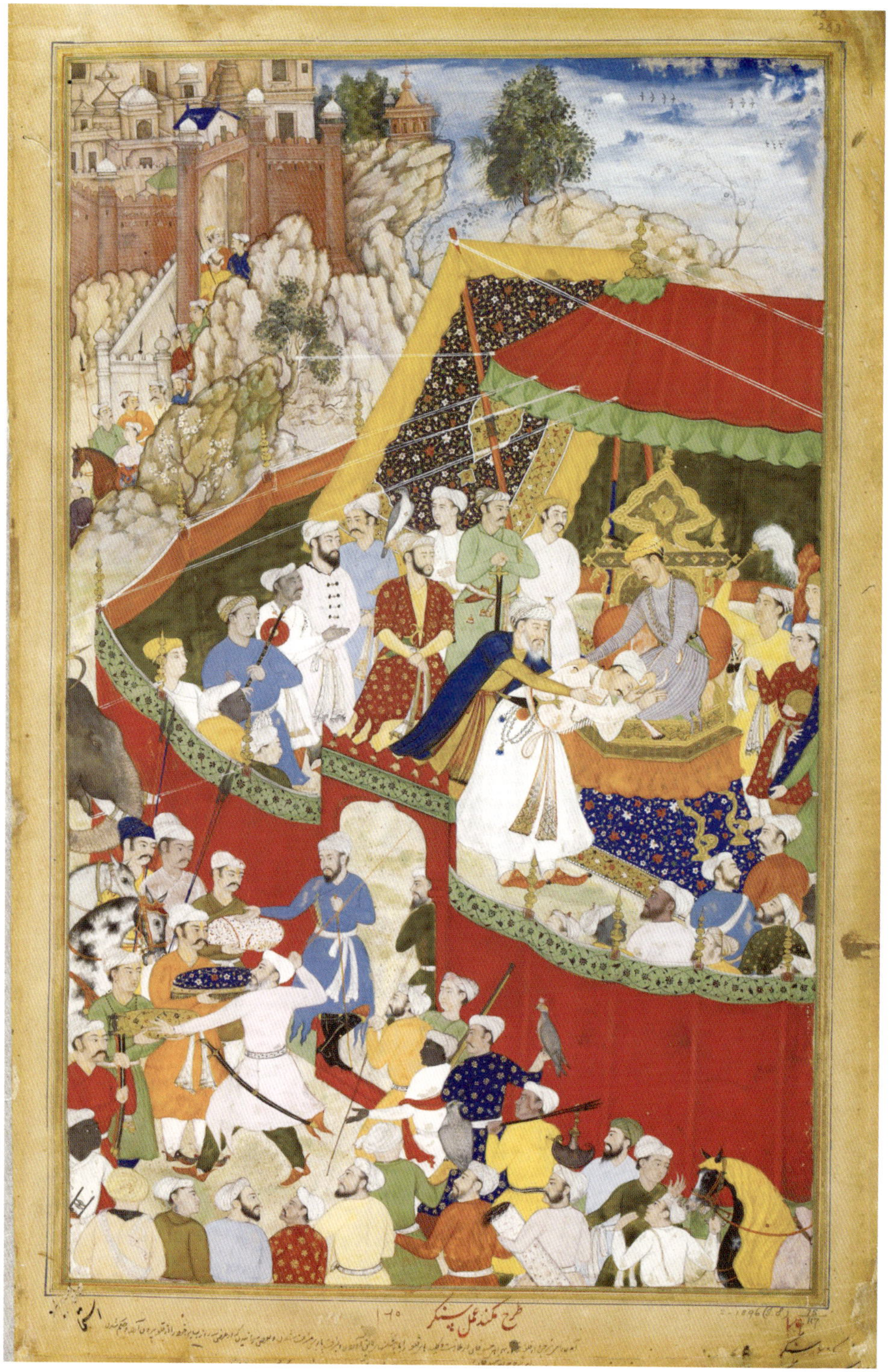

아크바르 대제에게 항복하는 수르잔 하다

무쿤드, 샨카르

1586-1589년경, 종이에 불투명 수채와 금, 34×21cm, 빅토리아 앤드 앨버트 박물관, 런던

20

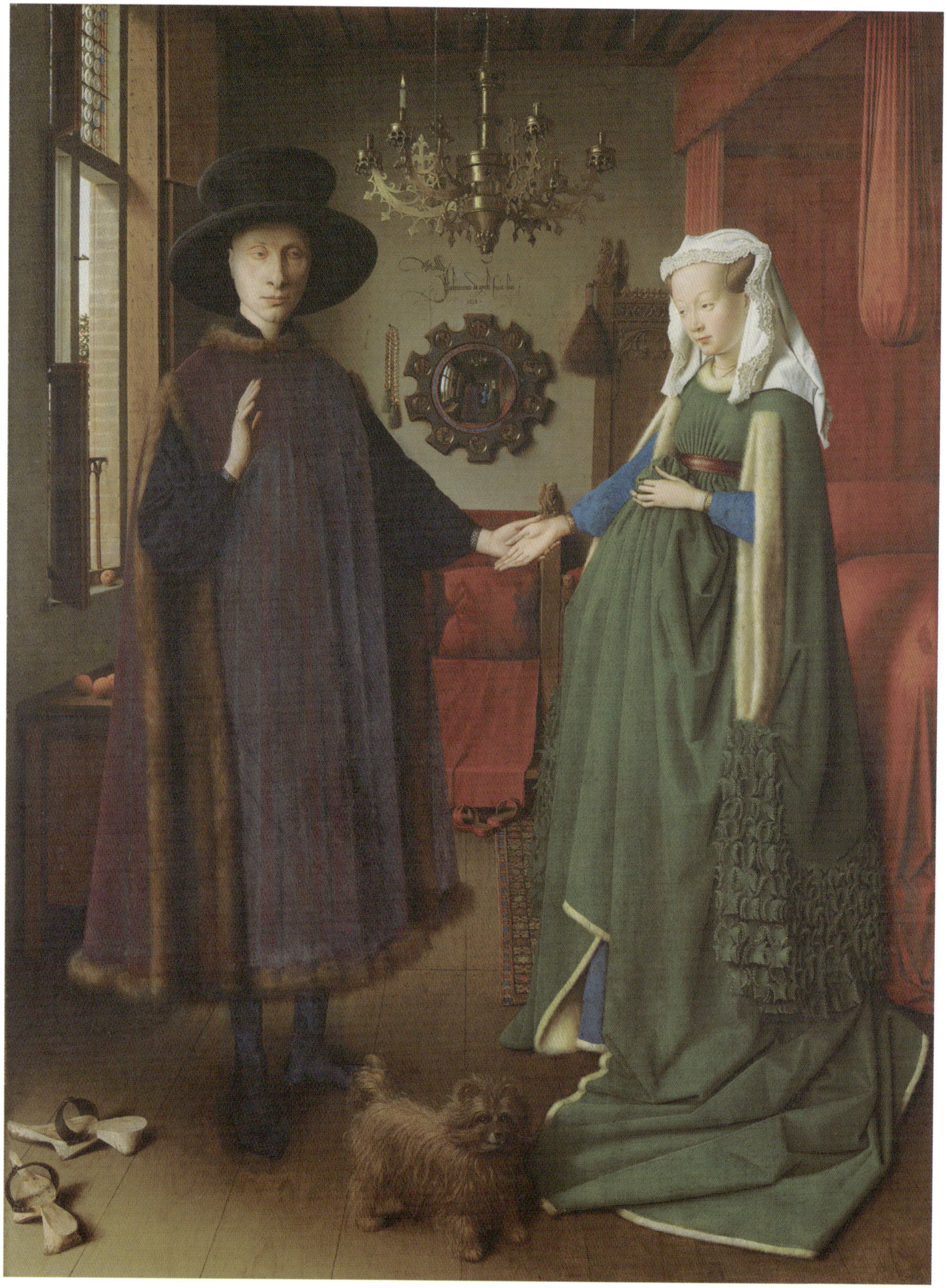

아르놀피니 부부의 초상

얀 반 에이크

1434년, 캔버스에 유채, 82.2×60cm, 내셔널 갤러리, 런던

아테네 학당
라파엘로 산치오
1509-1511년, 프레스코, 500×820cm, 바티칸 궁 서명의 방

20

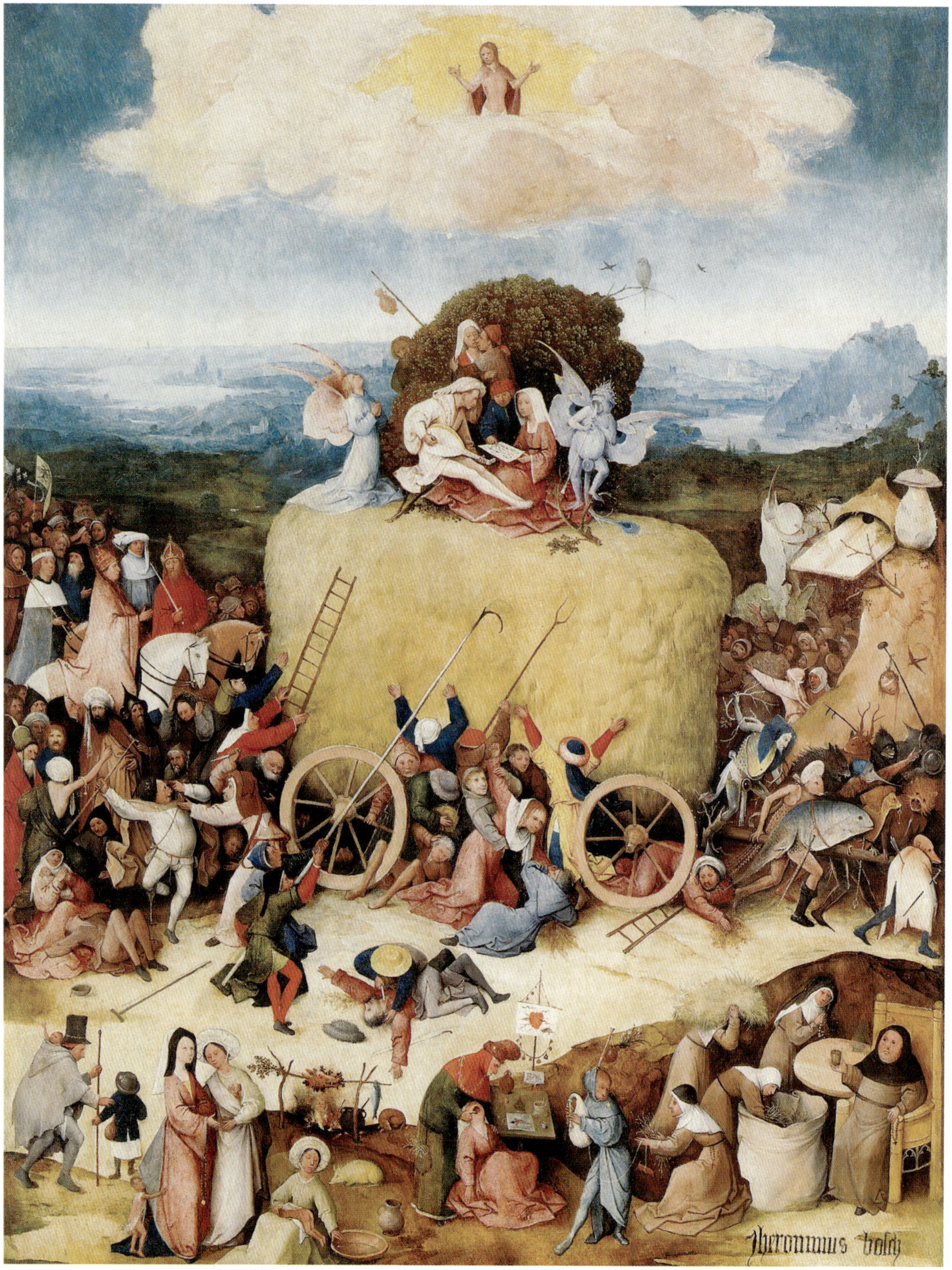

건초 마차 세 폭 제단화(부분)

히에로니무스 보스

1512-1515년, 패널에 유채, 147×212cm, 프라도 미술관, 마드리드

네덜란드 속담
대ᄎ 피터르 브뤼헐
1559년, 오크 패널에 유채, 117×163cm, 베를린 국립 회화관

20

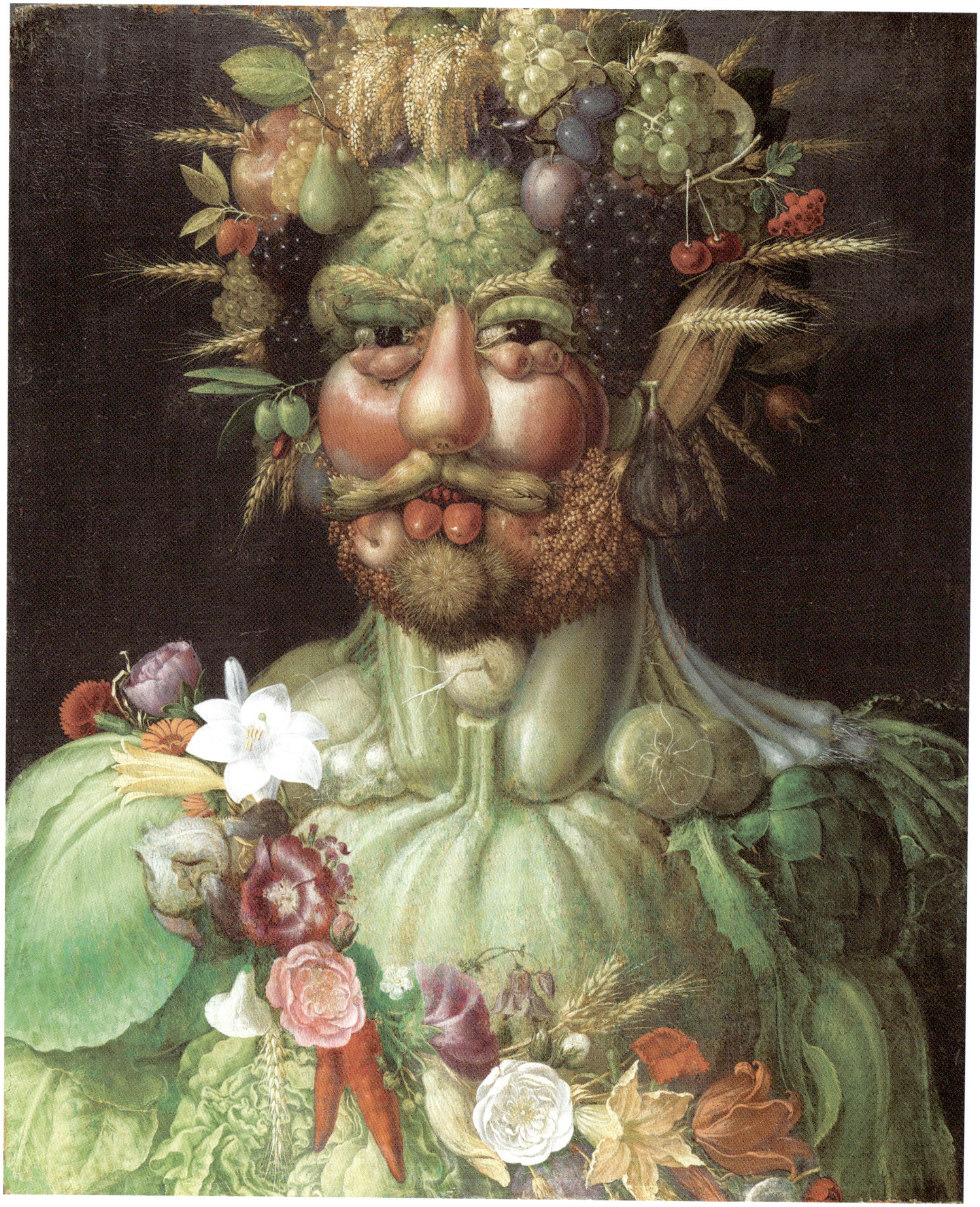

베르툼누스

주세페 아르침볼도

1591년, 패널에 유채, 70×58cm, 스코클로스테르 성, 호보

20

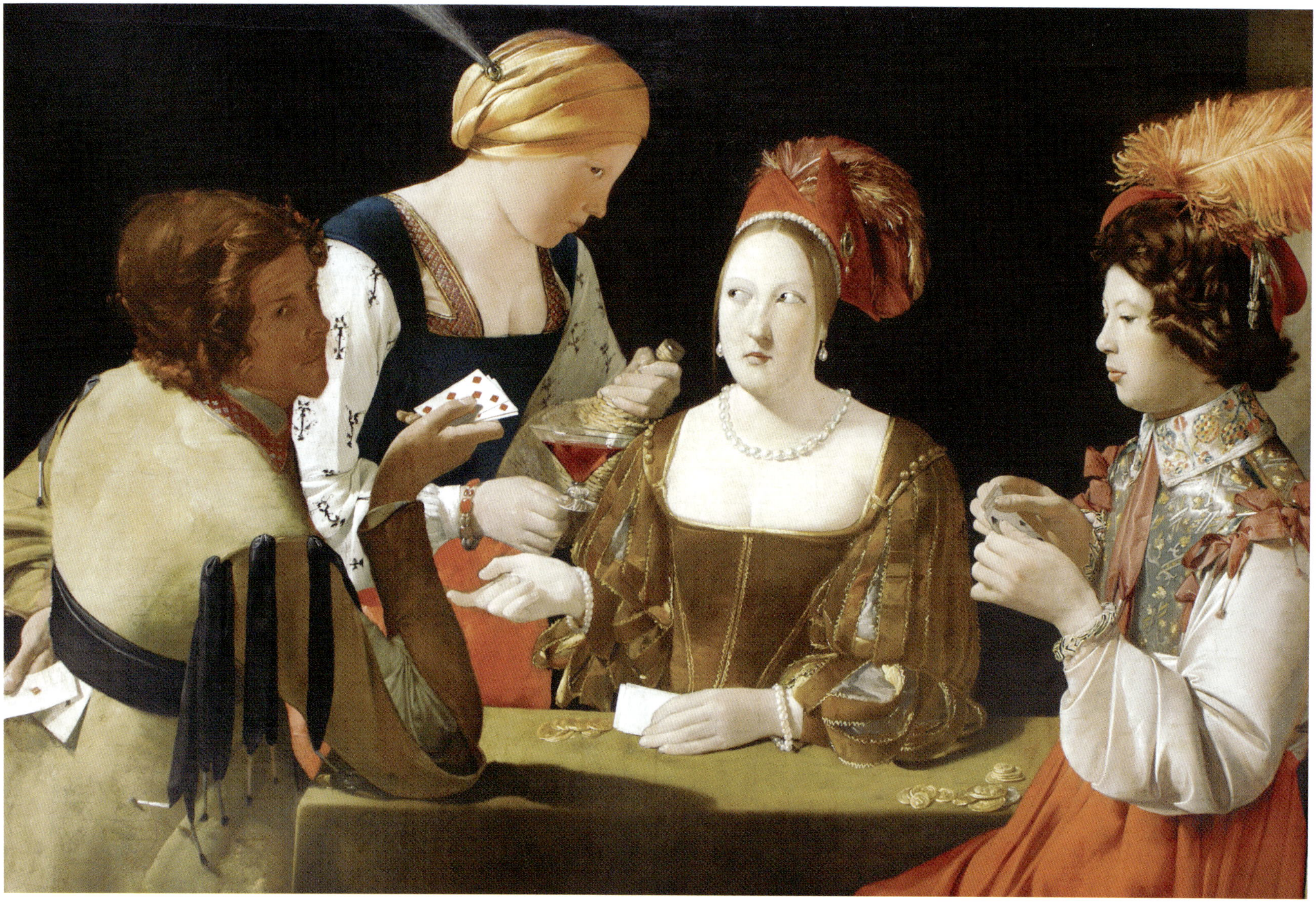

카드놀이에서 다이아몬드 에이스로 속임수를 쓰는 사람

조르주 드 라 투르

1636-1638년경, 캔버스에 유채, 106×146cm, 루브르 미술관, 파리

20

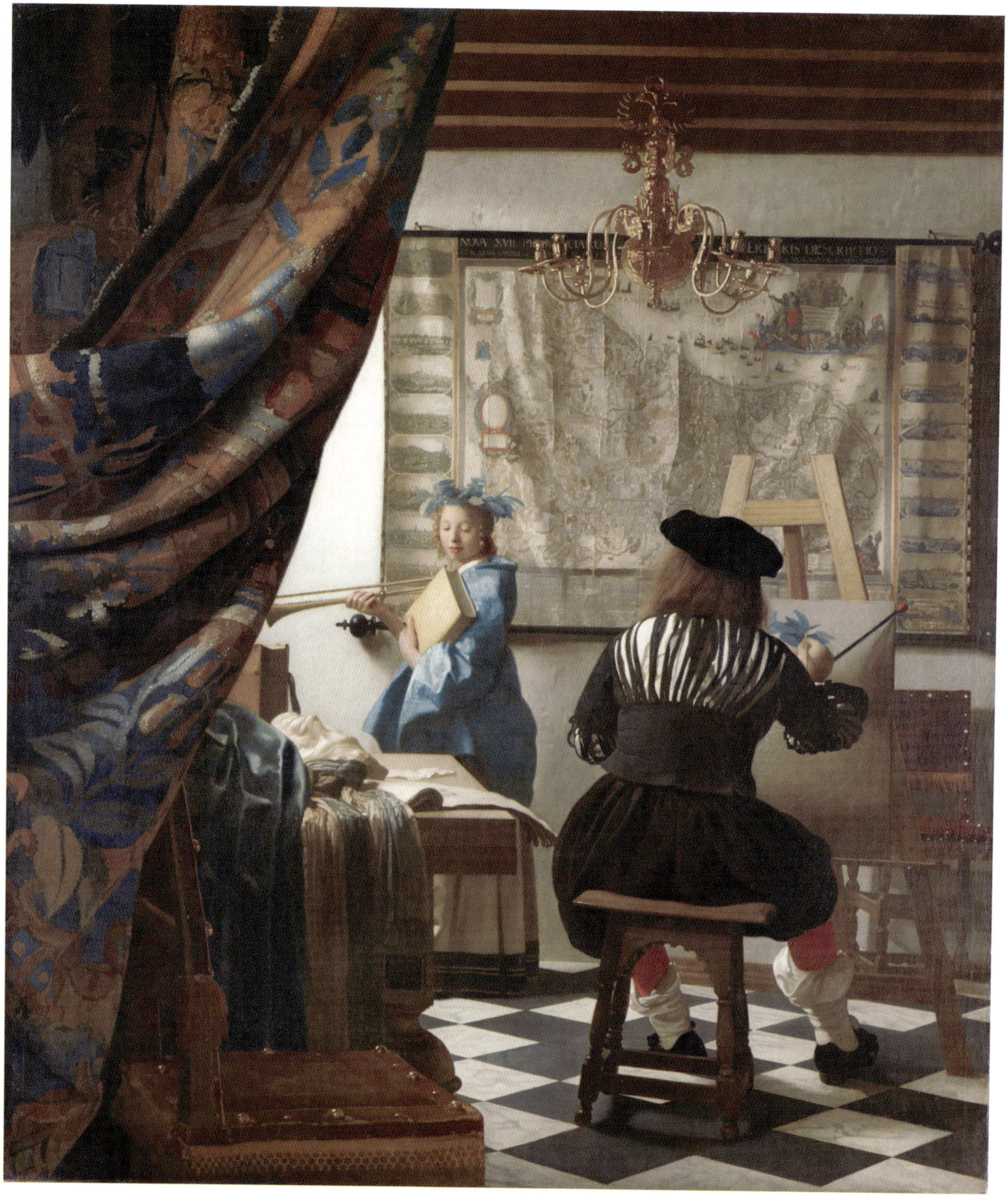

회화의 기술

요하네스 페르메이르

1666-1668년, 캔버스에 유채, 120×100cm, 미술사 미술관, 빈

20

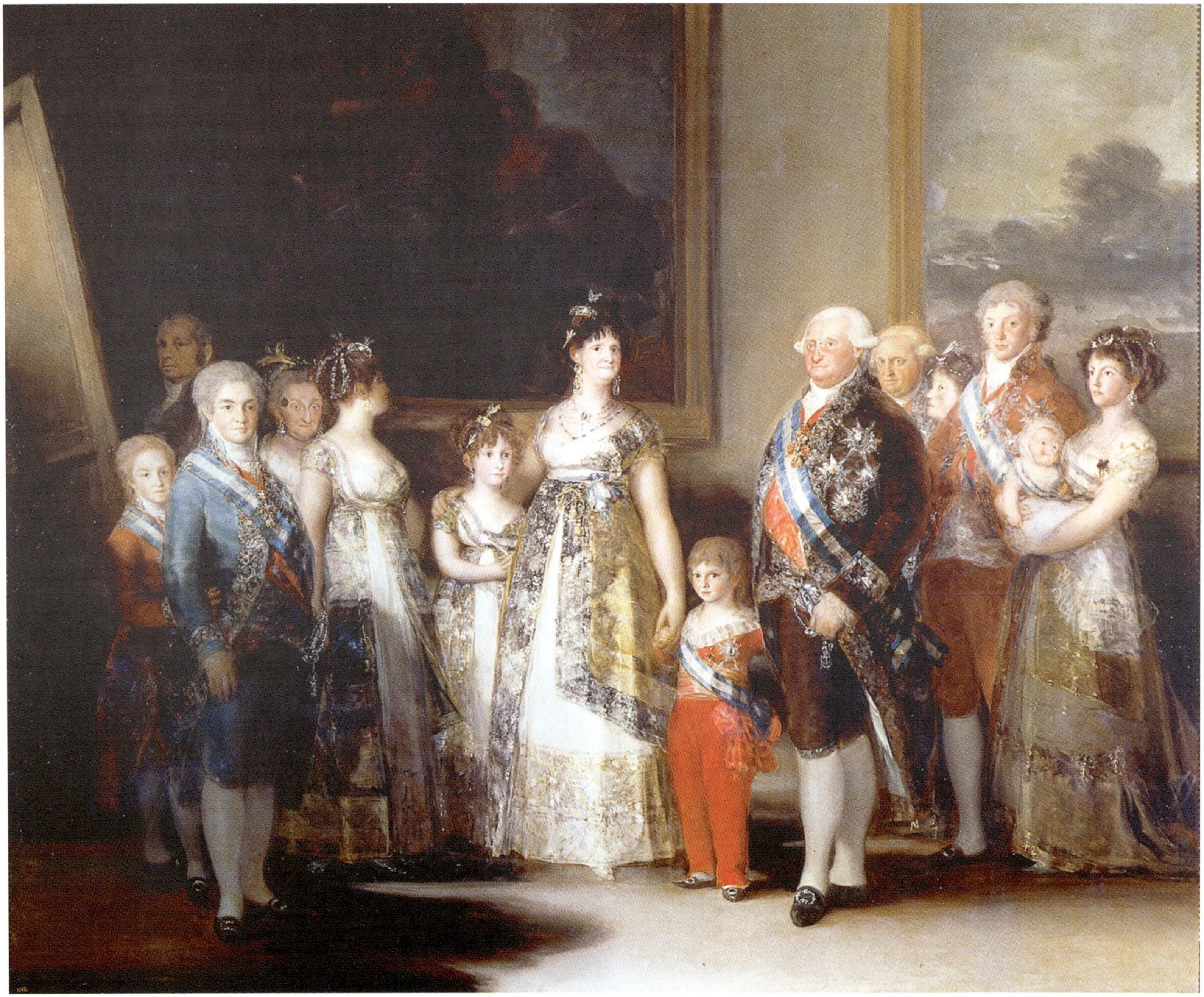

카를로스 4세의 가족

프란시스코 데 고야
1800년, 캔버스에 유채, 280×336cm, 프라도 미술관, 마드리드

20

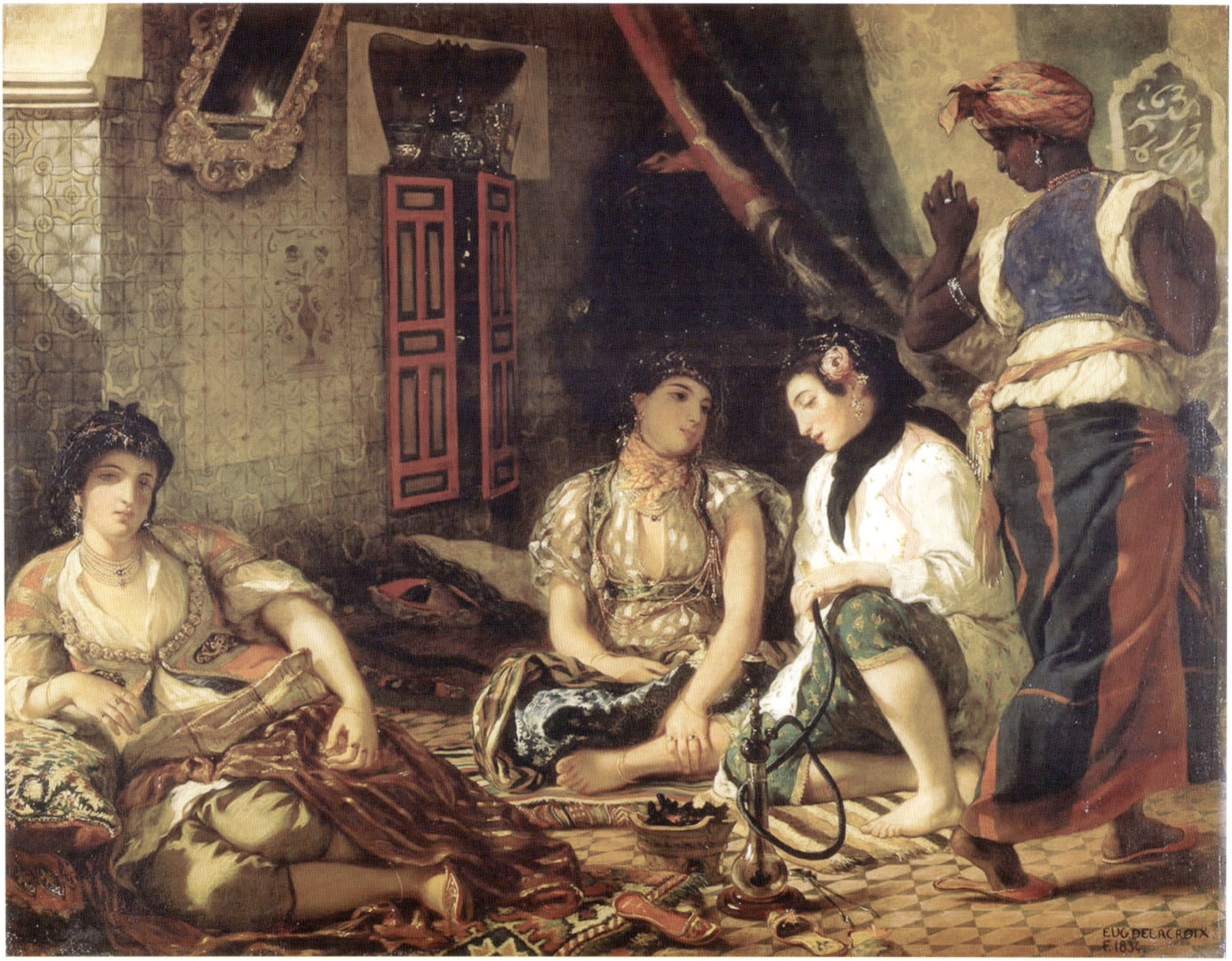

알제리의 여인들

외젠 들라크루아
1834년, 캔버스에 유채, 180×229cm, 루브르 미술관, 파리

화가의 작업실
귀스타브 쿠르베
1854-1855년, 캔버스에 유채, 361×598cm, 오르세 미술관, 파리

아델레 블로흐바우어의 초상 I
구스타프 클림트
1907년, 캔버스에 유채, 금, 은, 138×138cm, 노이에 갤러리, 뉴욕

한희재의 밤 연회 풍경(부분)
고굉중
오대五代 남당南唐, 비단에 채색, 28.7×333.5cm, 북경고궁박물원

61

20

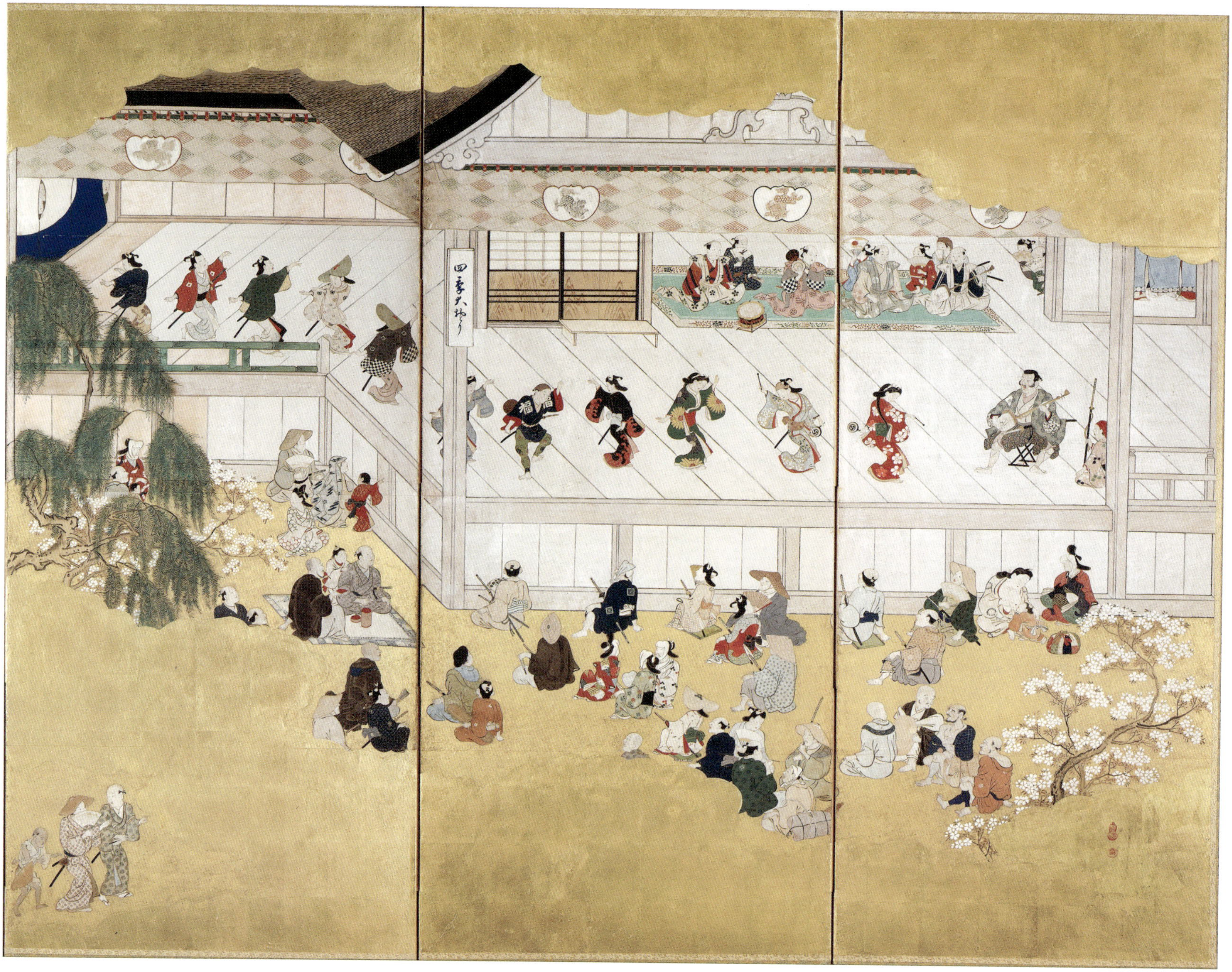

나카무라 가부키 극장 병풍(부분)

히시카와 모로노부

겐로쿠 시대에서 조쿄 시대(1684-1704), 금박 종이에 먹과 채색, 139.8×355.2cm, 보스턴 미술관

틀린 그림들

누가 아기 예수일까?

이탈리아 르네상스 미술을 대표하는 위대한 예술가 레오나르도 다 빈치의 이 그림은 당시 매우 파격인 것으로 여겨졌다. 화면 속의 두 아기는 쌍둥이처럼 꼭 닮은 모습에다가 자신을 드러내는 상징물, 즉 아기 예수의 머리 뒤에 빛나는 후광이나 세례 요한의 낙타털 옷 등을 지니고 있지 않다. 화면 중앙에 앉은 성모 마리아가 가까이에 있는 아기의 어깨를 감싸고 있기에 순간적으로 누가 그녀의 아들인지 착각하게 만들지만, 아기들의 자세로 그들의 관계를 분명히 알 수 있다. 화면 오른쪽에 앉아 축복의 손짓을 취하는 아기가 예수이고 그 앞에서 무릎을 꿇고 축복을 감사히 받아들이는 아기가 세례 요한이다. 아기 예수 옆에서 세례 요한을 가리키는 날개 달린 인물은 대천사 가브리엘로, 성서에서 그는 마리아에게 예수와 세례 요한의 탄생을 미리 알리는 역할을 맡았다.

이들이 앉아 있는 어두운 동굴은 일반적으로 금빛 찬란한 배경의 성모자 그림들과 달리 소박하다. 그러나 다 빈치는 빛과 어둠이 어우러지는 신비로운 공간을 만들어냈으며, 인물들은 현실에서는 볼 수 없는 이상적인 아름다움으로 성스러운 분위기를 자아내며 손짓과 몸짓으로 서로 긴밀히 연결된 완벽한 일체감을 보여준다. 다 빈치의 천재성이 잘 드러난 작품이다.

암굴의 성모 Vergine delle Rocce
레오나르도 다 빈치 Leonardo da Vinci(1452-1519년)
1483-1486년, 캔버스에 유채, 199×122cm, 루브르 미술관, 파리

"함께 한잔하며 즐기지 않겠느냐?"
포도주와 풍요의 신 바쿠스가 소년처럼 앳된 모습으로 와인 잔을 든 손을 앞으로 내밀고 있다. 술에 취해 붉어진 얼굴과 미묘한 눈빛은 전지전능한 신이라기보다 술집에서 만날 법한 세속적인 모습이다. 특히 바쿠스는 거울에 비춰진 것처럼 왼손에 술잔을 들고 있다. 화가 카라바조는 거울에 비친 형상을 그대로 그리는 방법으로 살아 있는 듯 사실적인 인물을 만들어냈다.

17세기 바로크 미술을 대표하는 이탈리아의 카라바조는 성급한 기질을 지녀 종종 폭력 사건을 일으켰으며 결국 살인 혐의로 도망쳐 다니다가 서른일곱이라는 젊은 나이에 죽음을 맞이했다. 우여곡절이 가득한 인생만큼 강렬하면서도 참신했던 그의 작품은 유럽 전역에 수많은 추종자들을 낳았다.

청년 바쿠스 Bacco adolescente
미켈란젤로 메리시 다 카라바조 Michelangelo Merisi da Caravaggio(1571-1610년경)
1595-1597년, 캔버스에 유채, 95×85cm, 우피치 미술관, 피렌체

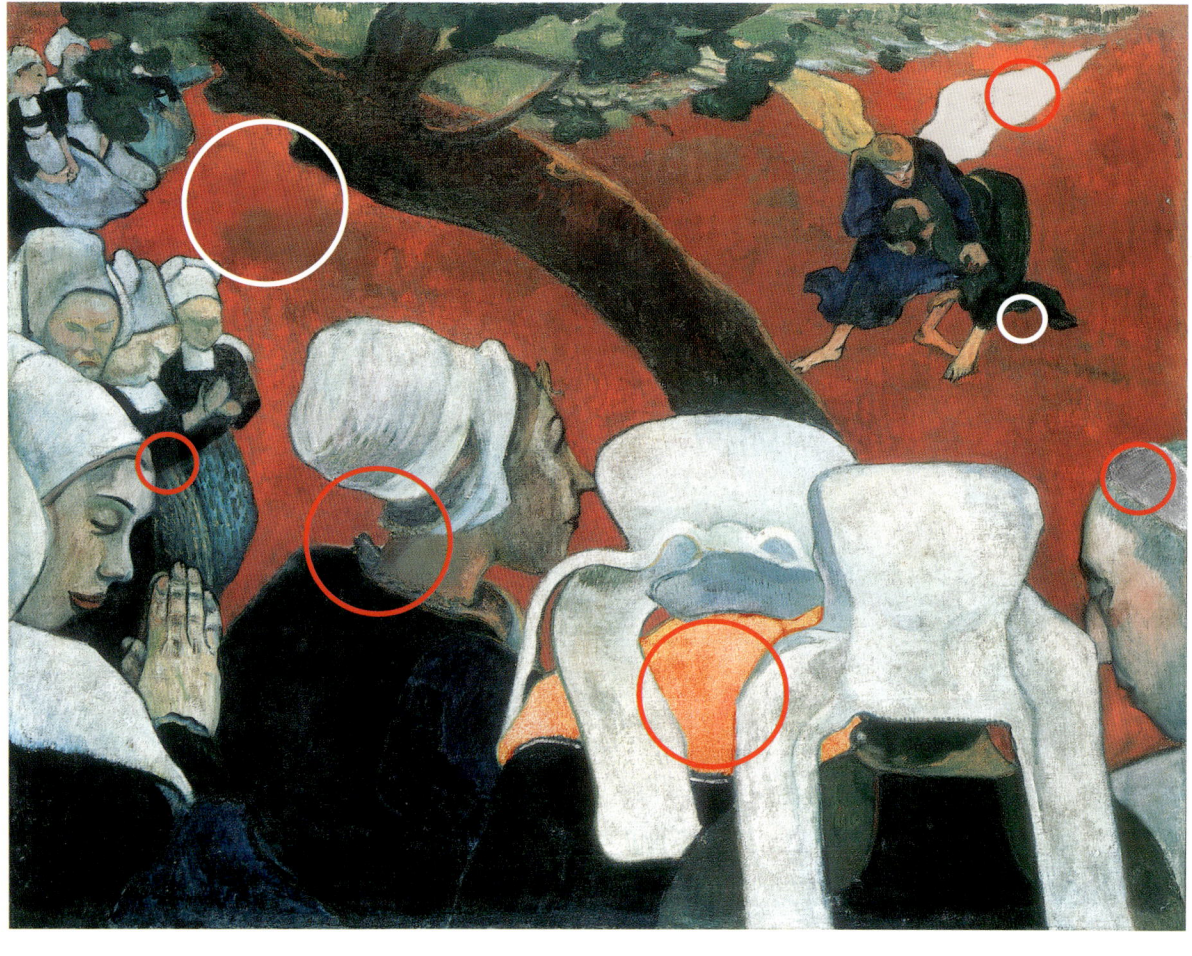

설교 후의 환상
La Vision après le sermon
폴 고갱Paul Gauguin(1848-1903년)
1888년, 캔버스에 유채, 73×92cm
스코틀랜드 국립미술관, 에든버러

"막 종교화를 완성했네. 굉장히 서툰 그림이긴 하지만 그리면서 무척 즐거웠지. … 기도하는 브르타뉴 여인들의 옷은 칠흑같이 검고 보닛은 눈부신 하얀색이야. 오른쪽의 보닛 두 개는 무시무시한 투구 같지. 사과나무는 화면을 가로지르고 밝은 초록색 잎사귀는 구름처럼 덩어리져 있네. 그 사이로 연두색 햇살이 비치고. … 사람들을 대단히 촌스럽고 단순하면서 미신에 사로잡혀 있는 것처럼 그렸네. 전반적으로 굉장히 수수해. 나무 아래의 소는 사실 너무 작지. 이 그림 속의 풍경과 싸움은 설교를 듣고 기도하는 사람들의 상상 속에만 존재하는 것이라네. 그래서 사람들은 자연스러운 반면, 풍경은 비례에 어긋나 있는 거야." 1888년 여름, 고갱은 이 그림을 그리고 나서 친구 반 고흐에게 쓴 편지에서 이렇게 말했다. 반 고흐는 프랑스 남부 아를에서 하루빨리 그가 오기만을 기다리고 있었다.

인상주의에서 한걸음 더 나아가고자 애쓰던 고갱은 과감한 구도, 선명한 색깔, 두툼한 윤곽선, 평면적인 배경, 과장되고 왜곡된 형태로 이루어진 단순한 스타일을 확립했다. 그의 그림은 전통 회화 신봉자들은 물론 인상주의자들에게도 거부당했으나, 고갱은 이후 '혁신가'라는 꼬리표를 달고 예술에서 새로운 경향을 추구하는 젊은이들에 중요한 영감을 제공했다.

아를의 반 고흐의 방
La chambre de Van Gogh à Arles
빈센트 반 고흐Vincent Van Gogh(1853-1890년)
1889년, 캔버스에 유채, 57.3×73.5cm
오르세 미술관, 파리

"창백한 라일락색 벽과 색이 바랜 붉은 바닥, 크롬옐로 침대와 의자, 희미한 라임색 시트와 베개, 진홍색 담요, 오렌지색 탁자와 파란색 세숫대야, 녹색 창문…. 색의 상징만으로 평온하며 단순한 침실을 표현했어. 완전한 휴식을 말하고 싶었거든."

1888년 1월, 반 고흐는 엄청난 스트레스와 지나친 흥분을 안겨주는 춥고 우울한 도시 파리를 떠나 프랑스 남부로 향했다. 그는 눈부신 햇살이 비추는 따뜻한 곳에서 마음 맞는 화가들끼리 모여 경제적인 부담은 잊고 예술에 대한 열정만 불태울 수 있기를 꿈꾸었다. 그러나 친구들은 고흐의 열망과 기대에 쉽사리 응하지 않았고, 그는 처절한 외로움에 몸부림치며 실낱같은 희망의 끈을 부여잡고 있었다. 그의 몸과 마음을 감싼 걱정, 근심, 불안감을 쏟아져내릴 듯한 이 방이 대변한다. 그리고 그가 얼마나 간절히 안정과 평정을 원하는지도.

반 고흐는 1888년과 1889년 사이에 '고흐의 방'을 세 점 그렸고, 오늘날 이들 작품은 암스테르담 반 고흐 미술관, 시카고 아트 인스티튜트, 파리 오르세 미술관에 각각 소장되어 있다. 세 작품은 문, 창문, 의자, 침대 같은 요소들은 거의 동일한 위치에 그려져 있으나 세부 장식 요소와 색감에서 조금씩 차이를 보인다. 자신의 텅 빈 방을 주제로 한 이들 작품은 반 고흐의 자화상의 다른 버전이지 않을까?

굶주린 사자가 영양을 덮치다 Le lion, ayant faim, se jette sur l'antilope
앙리 루소 Henri Rousseau(1844-1910년)
1905년, 캔버스에 유채, 200×310cm, 바이엘러 미술관, 바젤

깊은 밀림 속 해가 질 무렵, 온종일 사냥감을 찾아 헤맸으나 아무 것도 먹지 못한 사자의 눈앞에 영양이 나타났다. 사자는 조금도 머뭇거리지 않고 영양의 목덜미로 날카로운 이빨을 박아 넣었다. 이 밀림에서 굶주린 동물은 사자만이 아니었던 듯, 표범과 맹금들, 거기에 새의 머리를 한 거대한 동물이 수풀 사이에 숨어 배를 채운 사자가 남길 잔해를 기다리고 있다.

정규 미술 교육을 받지 않은 화가 앙리 루소, 세금 징수원으로 일한 경력으로 인해 흔히 '세관원 루소'라고 불리던 화가는 마흔 살이 넘어서 취미로 그림을 그리기 시작했으며 마흔아홉 살이 되던 해에 본격적으로 그림을 그리고자 세관원 일을 그만두었다. 프랑스를 결코 떠나본 적이 없던 그이기에, 그의 정글 그림은 꿈과 상상의 산물이다. 파리의 박물관, 동물원, 식물원을 드나들며 세심히 관찰한 것들을 토대로 스무 점이 넘게 그린 정글 그림은 야생 동물과 울창한 수풀로 가득한 이국적인 분위기 속에서 사실적인 요소들과 환상적인 요소들의 긴장과 조화가 절묘하게 어우러진다. "소박하면서 천진하군." "원시적이야." "어린애 그림처럼 유치하잖아!" 이러한 비판과 조롱이 늘 따라다녔음에도 루소는 "자연만이 나의 스승"이고 자기 그림이 세상 제일이라고 확신했다. 루소 그림의 시적인 영감과 힘은 파블로 피카소, 페르낭 레제, 호안 미로, 막스 에른스트 등 전위적인 예술가들에게 지대한 영향을 미쳤다.

"이 녀석, 울긴 왜 우는고?"

"지지배배 새들이 노래하듯, 멍멍 강아지들이 짖어대듯, 낮에도 외우고 밤에도 외우고, 앉아서도 외우고 누워서도 외웠는데, 스승님 앞에만 오면 머릿속이 새하얘지고 입이 떨어지질 않으니 너무도 답답하고 속이 상해서 그러하옵니다. 훌쩍훌쩍."

"삼돌이 너, 그거 다 꿈속 일 아니냐? 하하하"

"스승님, 거짓말이에요! 저놈 어제 돌배랑 옆 마을까지 가서 뛰놀다 달이 떠오른 후에나 돌아왔대요!"

훈장님을 등지고 앉아 우는 아이와 따끔히 야단을 쳐야 할지 말아야 할지 고민하는 훈장님은 매우 심각하지만 둘러앉은 아이들은 재미있어 죽겠다는 표정이다. 간결한 점과 선 몇 개로 다양하고 생생한 표정을 잡아내고, 별다른 배경도 없는 화면을 인물 열 명으로 모자라지도 넘치지도 않게 채워 구성하는 비범함은 조선 후기 천재 화가 김홍도의 작품에서 쉽게 찾아볼 수 있는 것이다. 더구나 그림을 보는 누구라도 미소를 머금게 만드는 데 있어 당시 김홍도를 능가할 화가가 있었을까?

서당書堂
김홍도金弘道(1745-1816년 이후)
종이에 옅은 채색, 26.9×22.2cm, 국립중앙박물관

도원桃園
이중섭李仲燮(1916-1956년)
1954년, 종이에 유채, 65×76cm
개인 소장

"훌륭한 내 아들 태현아, 편지 잘 받았다. 덕분에 아빠는 감기도 안 걸리고 열심히 그림을 그리고 있단다. … 아빠가 한 달 후면 도쿄 가서 꼭 자전거 사줄게. 안심하고 건강하게 … 공부 열심히 하고 엄마랑 태성이랑 사이좋게 기다려다오. 아빠는 하루 종일 태현이와 태성이, 그리고 엄마가 보고 싶어서 못 견디겠다. 곧 만나게 될 테니…. 아! 아빠는 기뻐요."
아빠 이중섭은 아내와 아이들을 품에 안을 날을 위해 그림을 그리고 또 그렸다. 그림 속에서는 가족과 함께할 수 있었다. 커다란 복사꽃 송이, 달콤하고 부드러운 복숭아 열매와 꼭 같이 아이들은 나무에 매달려 재잘거리고 엄마와 아빠는 나무 줄기와 뿌리가 되어 아이들을 키워낸다. 화가 이중섭의 짧은 생애에서 이렇게 행복하고 평화로운 일상은 며칠 주어지지 않았다. 이중섭의 도원桃園은 이 세상에는 없는 도원桃源이었다.

중세 그리스도교 미술에서 자주 다뤄진 주제 가운데 옥좌에 앉은 성모자가 천사 또는 성인들과 함께 등장하는 성상聖像, 즉 천국의 여왕으로서의 성모 마리아를 나타내는 도상을 '마에스타Maestà'라고 한다. 화면 중앙 옥좌에 앉은 성모는 무릎에 앉힌 아기 예수를 소개하듯 손으로 가리키고 있고 그 주위를 여덟 명의 천사가 둘러싸고 있다. 옥좌 아래에 있는 네 인물은 모두 구약 성서에 등장하는 이들로, 양 옆에는 위대한 선지자 예레미야와 이사야, 중앙에는 아브라함과 다윗 왕이 자리한다. 즉 이들은 아기 예수가 아브라함과 다윗의 후손이요, 약속된 자손임을 말하고 있다.

이 작품은 중세에서 르네상스로 이어지는 과도기의 모습을 잘 보여주는데, 평면적인 화면을 금빛으로 화려하게 장식하고 도식화, 양식화된 기법으로 인물과 배경을 묘사하는 것은 중세 비잔틴 미술의 전통이다. 그러나 치마부에는 음영을 이용해 인물들의 얼굴을 입체적으로 보이게 하거나 거대한 옥좌에 공간적인 깊이감을 부여하는 등 좀 더 자연스럽고 사실에 가까운 표현을 모색하며 한 걸음 더 나아갔다.

마에스타 Maestà
치마부에 Cimabue (1240-1302년경)
1280-1290년, 패널에 템페라, 385×223cm, 우피치 미술관, 피렌체

그리스도의 체포(유다의 키스)
The Arrest of Christ(Kiss of Judas)
조토 디 본도네Giotto di Bondone(1266-1337년경)
1304-1306년, 프레스코, 200×185cm
스크로베니 예배당, 파도바

"내가 입맞춤하는 사람이 바로 예수요!"
은화 삼십 냥에 예수를 팔아넘긴 유다는 겟세마네 동산에서 로마 군인들에게 누가 예수인지를 알려주는 신호로 입을 맞추었다.
14세기 초반 이탈리아에서 활동한 화가 조토는 이 드라마틱한 배신의 순간을 화면 속에 되살려냈다. 횃불과 곤봉을 높이 들고 예수를 잡으러 온 로마 병사들, 유다를 똑바로 마주보며 입맞춤을 받는 예수, 그를 지키려고 거세게 흥분하여 병사의 귀를 자르는 베드로의 모습이 생생하게 그려져 있다. 조토는 중세의 엄숙하고 절제된 그림에서 벗어나, 배신과 분노, 슬픔과 긴장감이 가득한 인간의 감정을 표현하면서 중세 미술의 종말을 알리고 새로운 시대의 길을 열었다.

베누스의 탄생 Nascita di Venere
산드로 보티첼리Sandro Botticelli(1445-1510년경)
1483-1485년, 패널에 템페라, 172.5×278.5cm, 우피치 미술관, 피렌체

"8월의 금빛 화환을 두른 아름다운 아프로디테에게 노래를 바치리."

15-16세기 이탈리아에서 활동한 화가 보티첼리가 미와 사랑의 여신 베누스(아프로디테, 비너스)의 탄생 순간을 묘사했다. 화면 왼쪽에서 바람의 신 제피로스가 베누스를 해안으로 밀어 보내고 있다. 그의 숨결은 분홍색 장미가 되어 떨어진다. 해변에는 베누스 여신을 수행하는 계절의 여신 호라이가 베누스를 맞이하기 위해 기다리고 있다. 조개껍데기 위에 선 베누스는 기이하게도 무게가 전혀 느껴지지 않는 모습이다. 보통 사람이 저렇게 조개 위에 서 있을 수 있을까? 보티첼리는 길게 뻗은 목과 고전적인 포즈로 여신의 우아함을 더했다. 10등신에 달하는 베누스의 모델은 당시 피렌체에서 최고의 미인으로 꼽히던 시모네타라고 전해진다. 심지어 보티첼리는 자신이 죽은 후 시모네타의 묘지 옆에 묻어달라고 했을 정도로 그녀에게 빠져 있었다고 한다.

서양 미술사에서 가장 중요한 작품에 속하는 이 그림은 피렌체를 지배한 메디치 가문의 의뢰로 제작됐다. 따라서 그림의 주제를 메디치 가문의 예찬에서 찾기도 하는데, 즉 문화를 후원하는 메디치 가문 덕분에 피렌체에 마침내 사랑의 시대가 시작되었음을 표현했다는 것이다.

호라티우스 형제의 맹세 Le Serment des Horaces
자크루이 다비드 Jacques-Louis David(1748-1825년)
1784년, 캔버스에 유채, 330×425cm, 루브르 미술관, 파리

"로마를 위하여 목숨을 바치리라!"
로마와 알바 롱가는 서로 침략을 반복하는 적국이었다. 오랜 전쟁의 종지부를 찍고자 두 도시는 각각 세 명의 전사를 뽑아 결투를 시키기로 합의했다. 전쟁의 승패가 결정되는 중요한 순간, 로마에서는 호라티우스 가문의 삼형제가 선정됐다. 결전의 날을 앞두고 아버지는 삼형제에게 칼을 건네고, 형제들은 국가에 대한 충성을 맹세한다. 18세기 프랑스 화가 자크루이 다비드는 국가를 위해서 기꺼이 목숨을 바치는 호라티우스 형제들을 통해 프랑스 인들의 애국심을 고취시키고자 했다. 그러나 안타깝게도 호라티우스 형제들과 싸워야 할 상대는 바로 누이들의 남편과 약혼자였다. 어느 쪽이 이기든 사랑하는 사람을 잃게 되는 여인들은 슬픔에 잠겨 눈물을 흘리고 있다. 결국 승자는 누구였을까? 호라티우스 형제들 중 한 사람이 살아남으면서 승리는 로마에게 돌아갔다. 하지만 그는 남편을 잃고 로마를 저주하는 누이를 죽이고 마는 비극적인 결말을 피할 수 없었다.

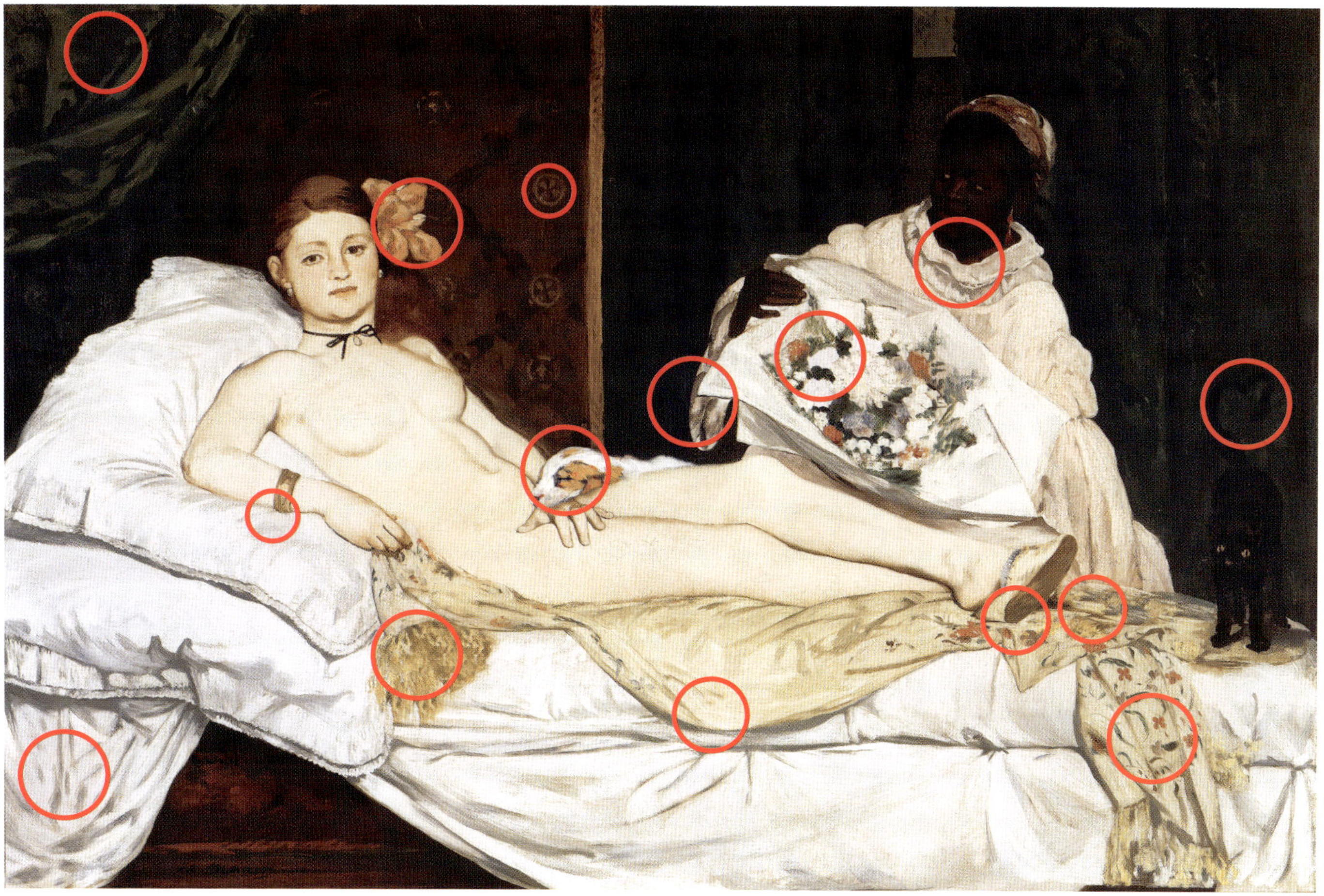

올랭피아 Olympia
에두아르 마네Édouard Manet(1832-1883년)
1863년, 캔버스에 유채, 130.5×191cm, 오르세 미술관, 파리

"마님, 보세요, 꽃 선물이 왔어요!"
"아, 시시하고 따분해. 저리 치워 둬."
세상 알 것 다 안다는 눈으로, 아름답고 화려하고 향기로운 것은 사실 모두 부질없다는 것을 알아버린 눈으로 바라보고 있는 그녀는 몸을 파는 여인이다. 그녀는 아무 것도 걸치지 않았다. 전통적으로 여성의 누드가 주제인 그림에서 여인들은 무방비 상태로 잠들어 있거나, 달콤한 사랑을 꿈꾸고 있거나, 불타오르는 쾌락으로 유혹하는 눈길을 보냈다. 그들은 주로 사랑과 미美의 여신 비너스의 이러저러한 모습이다. 즉 각 시대가 추구하는 이상적인 아름다움을 영원히 간직한 채 살아가는 여신, 현실에 없는 여인이다. 마네가 그린 이 여인은 신화 속에나 존재하는 아름다움을 쫓아다니는 눈을 똑바로 바라본다. 결코 채워질 수 없는 욕망을 안고 살아가는 그들에게 현실은 이런 것이라고 강하게 일깨워준다. 과거의 영화를 찬양하고 이상화하거나 상상으로만 그릴 수 있는 신화, 성서 속 장면을 그리는 데 치중하는 당대 예술가와 그 후원자들에게, 마네는 예술과 예술가가 가야 할 새로운 패러다임을 제시한 혁명가였다.

15

1866년 어느 날, 스물여섯 살 청년 모네는 최근 파리 외곽에 마련한 집 정원에서 커다란 캔버스와 씨름하고 있었다. '어떻게 해야 인물과 풍경이 잘 어우러지게 할 수 있지? 어떻게 해야 인물과 풍경을 감싸고 흐르는 빛과 대기의 느낌을 잘 포착할 수 있을까?' 실내의 인공 조명에서 벗어나 실제 자연의 빛 아래로 캔버스와 물감을 챙겨 들고 나오는 화가들이 점차 늘어가던 무렵 그 선두에 모네가 있었다. 그는 애인 카미유에게 하얀 드레스를 입혀 정원에서 자세를 취하게 하고, 하얀 치마폭에 떨어져 미묘하게 변화하는 빛의 반짝임, 나뭇잎 사이로 비쳐 드는 빛 조각들, 그리고 특히 섬세하게 짙어지고 얇아지는 그림자 표현에 집중했다. 그러자 따스하고 부드러운 빛이 비추고 살랑거리는 바람에 꽃 향기가 날리는 한가로운 오후 한때의 분위기가 가득 담긴 화면이 만들어졌다. 이듬해 살롱의 심사위원들은 이 그림을 두고 명확한 주제나 교훈적인 이야기를 전하고 있지 않은 것은 물론 붓질이 엉성하며 완성도가 떨어진다고 판단해 전시하지 못하게 했다. 모네는 굴하지 않고 실외에서 시시각각 변하는 빛과 공기의 흐름, 그에 따른 느낌을 포착하려는 시도를 계속 해나가, 1872년에 이르러 '인상주의자'라는 명확한 성격을 처음으로 부여받았다.

정원의 여인들 Femmes au jardin
클로드 모네 Claude Monet(1840-1926년)
1866년경, 캔버스에 유채, 255×205cm, 오르세 미술관, 파리

물랭 드 라 갈레트의 댄스홀 Bal du moulin de la Galette
오귀스트 르누아르Auguste Renoir(1841-1919년)
1876년, 캔버스에 유채, 131.5×176.5 cm, 오르세 미술관, 파리

17세기 초반부터 파리 북쪽 몽마르트르 언덕에 풍차 방앗간들이 세워져 밀을 비롯한 곡식 가루를 빻아 가공하는 역할을 맡았다. 19세기가 시작되고 얼마 후 한 방앗간에서 '갈레트'라는 작은 빵을 구워 우유와 함께 팔았는데, 그 맛이 널리 알려지며 사람들이 몰려들었다. 맛 좋은 빵 갈레트 덕분에 흔히 '물랭 드 라 갈레트(갈레트 방앗간)'로 불리게 된 이곳은 곧 우유 대신 와인을 팔았고, 파리 시민들은 파리 시내와 센 강을 내려다볼 수 있는 한적한 이 언덕에서 갓 구워낸 맛있는 빵, 와인과 더불어 즐거운 시간을 보내는 유흥에 점점 빠져들었다. 이에 방앗간 주인은 정원에 댄스홀을 마련하여 시민들을 더욱 흥겹게 해주었다. 물랭 드 라 갈레트의 댄스홀은 당시 파리 시민들에게 어제와 오늘의 고통을 잊고 잠시나마 크게 웃고 떠들고 노래하고 춤추게 해주는 숨구멍이자 밝고 희망찬 미래를 꿈꿀 수 있게 해주는 장소였다. 파리 시민들과 더불어 물랭 드 라 갈레트를 자주 드나들던 르누아르, 반 고흐, 피사로와 같은 예술가들은 이곳의 쾌활하고 명랑한 분위기를 포착한 그림을 여러 점 그렸다.

아니에르에서의 물놀이 Une baignade à Asnières
조르주 쇠라Georges Seurat(1859-1891년)
1884년, 캔버스에 유채, 201×300cm, 내셔널 갤러리, 런던

아니에르는 파리 북서쪽 외곽, 센 강변에 자리한 공장지대로, 화면 뒤쪽에 연기를 뿜어내는 공장의 굴뚝들이 이러한 도시의 성격을 말해준다. 어느 휴일 오후, 환한 햇살이 비추는 강가로 나온 이들이 한가로운 휴식을 취하고 있다. 쉬지 않고 돌아가는 공장의 기계음을 피해 나온 사람들일까? 그런데 적막하다. 따스하고 밝고 화창한 날에, 일광욕을 즐기거나 물놀이를 하는 이들이 제법 있지만 떠들썩하거나 쾌활한 분위기는 아니다. 강아지도 짖는 것을 멈추고 노 젓는 소리조차 들리지 않는 것 같다. 강물은 소리 없이 흘러가고 먼 곳 새들의 지저귐도 희미하다. 비슷한 시기 파리 시민들이 웃고 떠들고 춤추는 모습을 그린 르누아르, 툴루즈로트렉의 그림과 전혀 다른 느낌을 전하게 된 데에는 기법의 차이가 크다. 르누아르와 모네 등이 시시각각 변화하는 '인상'을 잡아내려 가벼운 붓질로 마치 스케치하듯 인물이나 배경을 그렸다면, 쇠라는 이 거대한 화면 속 인물들과 배경을 단순하면서도 단단한 형태감을 유지하도록 처리했다. 그대로 굳어버린 석고상 같은 견고한 인물들과 전체 구도는 수많은 습작의 산물이다. 완성된 작품처럼 보이지 않는다는 인상주의자들을 향한 비판에서 벗어나려는 이러한 쇠라의 노력은 몇 년 뒤 작은 원색 점들을 찍어 나열하는 점묘법으로 발전하게 된다.

사과 바구니가 있는 정물
La Corbeille de pommes

폴 세잔Paul Cézanne(1839-1906년)
1895년, 캔버스에 유채, 65×80cm
시카고 아트 인스티튜트

"자넨 언제까지 사과만 만지작거릴 텐가!" 친구들이 세잔에게 핀잔 조로 말했다. 세잔은 40년 이상 사과에 매달렸다. "자연 속의 모든 사물은 공과 원통, 원뿔 모양으로 이루어져 있지. 이런 단순한 모양부터 그릴 줄 알아야 해. 그런 후에야 자유자재로 그림을 그릴 수 있다네." 그는 시시각각의 변화를 좇는 인상주의의 한계를 깨닫고, 순간의 모습이 아닌 진짜 사과, 사과의 본질을 포착하고자 계속 보고 그렸다. 세잔은 예리한 눈을 가지지 못한 자신은 오랜 시간 관찰하는 길밖에 없다고 깨달았다. 그래서 순간의 사과에서 얻어낸 모습들을 조합해 진짜 사과를 만들어낼 때까지 보고 그리기를 반복했다. 사과가 담긴 바구니, 병, 쿠키, 테이블, 테이블보 등이 모두 이렇게 그려졌다. 그러자 원근법을 적용하고 입체감을 살려서 그럴듯하게 보이도록 처리하는 전통 정물화와 달리 세잔의 화면은 똑바로 서 있지 않은 병, 쏟아질 듯한 바구니, 뒤쪽이 솟아오른 테이블 등 불안정하고 균형을 잃은 듯 보이는 사물들로 이루어지게 되었다. 그런데 불안정한 각각의 요소들이 서로의 관계 속에서 조화롭게 구성되자 전체 화면은 매우 안정된 가운데 밀도감과 역동감이 느껴져 지루하지 않다. 세잔에 이르러 회화의 전통은 새로운 발전의 한 걸음을 내딛었으니, 현대 미술을 대표하는 파블로 피카소는 이렇게 말했다. "세잔은 나의 유일한 스승이다. 세잔은 우리 모두에게 아버지와 같은 사람이다."

인도의 마지막 이슬람 제국인 무굴의 제3대 황제 아크바르는 인도 지역 대부분을 병합하고 체제를 정비해 대무굴 제국 시대를 열었다. 그는 황실에 화원을 두고 예술 분야를 적극 후원했는데, 이때 종교적이고 비현실적이던 인도 미술에 이슬람풍 색채가 더해져 현실적이고 사실적인 세밀화로 대변되는 무굴회화가 탄생했다. 황제는 황실 역사가 아불 파즐Abu'l Fazl에게 제국의 공식 연대기를 쓰게 했고 7년 만에 『아크바르나마Akbarnama』, 즉 '아크바르의 서書'가 완성되었다. 역사, 문화, 지리, 종교 등을 아우르는 이 책에는 무굴파를 대표하는 수십 명의 화가들이 그린 삽화 1백여 점이 실려 있다. 그중 하나인 이 그림은 1569년 인도 북서부 란탐보르를 지배하던 수르잔 하다가 아크바르 대제에게 항복하는 장면을 묘사한 것이다. 황제는 붉은 캐노피 아래 황금 보좌에 앉아 몸을 굽히고 예를 갖추어 란탐보르 성의 열쇠를 바치는 수르잔 하다의 항복을 받아들이며, 성문에서 야영지까지 화려한 의상을 갖춘 인물들과 코끼리, 말, 매, 옷감 등의 진상품 행렬이 이어지고 있다. 때로 그림은 백 마디 글보다 선연히 한 시대를, 주요 사건을 보여준다.

아크바르 대제에게 항복하는 수르잔 하다
Rai Surjan Hada making Submission to Akbar
무쿤드Mukund, 샨카르Shankar
1586-1589년경, 종이에 불투명 수채와 금, 34×21cm
빅토리아 앤드 앨버트 박물관, 런던

이탈리아 루카 출신의 부유한 상인 아르놀피니가 아내의 손을 가볍게 잡고 방문자들을 맞이하고 있다. 문가에 서서 인사를 나누는 두 방문자는 벽에 걸린 거울의 비친 모습으로 알아볼 수 있다. 그중 한 명은 이 그림을 그린 화가 얀 반 에이크일 테다. 거울 속 모습에 더해 화가는 벽에 "여기, 1434년에 얀 반 에이크가 있었다"라는 서명도 남겼다.

이 유명한 부부의 초상은 오늘날까지 수많은 수수께끼를 남겨주었다. 샹들리에에서 불타고 있는 단 하나의 촛불, 창가의 오렌지, 마룻바닥에 아무렇게나 놓인 신발들, 강아지, 거울을 둘러싼 예수 수난 장면 등이 무엇을 상징하는지부터 두 남녀가 진정 아르놀피니 부부가 맞는지에 이르기까지 다양한 해석이 나오고 있다. 그런데 반 에이크에게 중요했던 것은, 털이 풍성한 모피, 섬세한 레이스, 반짝이는 금속, 그밖에 유리, 나무, 벽의 특성과 질감을 생생하고 세심하게 묘사해낼 수 있음을 드러내는 것, 최신 유행의 값비싼 옷을 차려입을 수 있는 부유함과 명성을 지닌 인물과의 친분을 과시하는 것으로 보인다. 그는 서양 미술사에서 처음으로 자신의 단독 초상화, 즉 자화상을 그린, 그 누구보다 화가로서의 확고한 자부심과 자신감을 가진 인물이었으니 말이다.

아르놀피니 부부의 초상 The Arnolfini Portrait
얀 반 에이크 Jan van Eyck(1395-1441년경)
1434년, 캔버스에 유채, 82.2×60cm, 내셔널 갤러리, 런던

아테네 학당 Scuola di Atene
라파엘로 산치오 Raffaello Sanzio(1483-1520년)
1509-1511년, 프레스코, 500×820cm
바티칸 궁 서명의 방

소크라테스와 플라톤, 아리스토텔레스가 한자리에서 만난다면 서로 무슨 이야기를 나눌까?

라파엘로는 교황 율리우스 2세에게서 바티칸 궁의 벽화를 그리라는 의뢰를 받았다. 이 그림은 라파엘로가 제작한 벽화 네 점 중 하나로, 주제는 '철학'이다. '아테네 학당'이라는 제목에 걸맞게 고대 그리스의 유명한 학자들 50여 명이 한자리에 모여 토론을 하고 있다. 한가운데 빨간 옷을 입은 인물은 플라톤이다. 관념적 이상주의를 주장한 그는 하늘을 가리키고 있다. 그 옆의 파란 옷을 입은 인물은 아리스토텔레스다. 자연세계에 관심이 많았던 그는 땅을 향해 손을 뻗고 있다. 플라톤 옆에 사람들과 열심히 토론하고 있는 갈색 옷을 입은 이는 소크라테스, 오른쪽 앞에 몸을 구부리고 컴퍼스로 무언가를 그리고 있는 사람은 기하학자 유클리드다. 그 맞은편 왼쪽 끝에는 피타고라스가 사람들에게 둘러싸여 무언가를 적고 있다. 한편 라파엘로는 동시대 예술가들의 얼굴을 모델로 삼아 그림의 흥미를 더했는데, 플라톤은 레오나르도 다 빈치, 그림 앞쪽 책상에 기대 사색에 잠긴 헤라클레이토스는 미켈란젤로의 모습이라고 한다. 그럼, 라파엘로는 자신의 모습도 이 위대한 인물들 속에 그려 넣었을까? 화면 오른쪽 기둥 옆, 검은 모자를 쓰고 얼굴만 보이는 젊은이가 라파엘로의 자화상과 꼭 닮았다.

"세상은 건초 마차와 같다. 모두 가질 수 있는 만큼만 가져간다."

이 플랑드르 속담을 연상시키는 그림 속에서 온갖 사람들이 뒤섞여 밀고, 당기고, 싸우고, 속이는 한바탕 소란이 벌어졌다. 거대한 건초 마차 아래의 세상은 죄를 짓는 사람들로 가득하다. 건초 마차에서 탐욕스럽게 건초를 뽑아내기도 하고 사다리를 타고 마차 위로 올라가려는 헛된 시도도 한다. 한때의 쾌락을 위해 술을 잔뜩 마시고, 어리석은 싸움을 벌이고, 남의 돈을 갈취하고, 속임수를 부린다. 욕심 많은 사람들에 둘러싸인 건초 마차는 서서히 지옥으로 향하고 있다. 구름 위에선 예수가 이런 세상을 내려다보고 있지만, 그를 보는 사람은 아무도 없다.

15세기 네덜란드에서 활동한 화가 히에로니무스 보스는 인간의 죄로 인해 만들어진 기괴하고 독특한 세계를 많이 그렸다. 그의 악몽 같은 상상의 세계는 지금까지도 많은 호기심과 영감을 불러일으키고 있다.

건초 마차 세 폭 제단화(부분) The Haywain Triptych
히에로니무스 보스 Hieronymus Bosch(1450-1516년)
1512-1515년, 패널에 유채, 147×212cm, 프라도 미술관, 마드리드

네덜란드 속담 Nederlandse Spreekwoorden
대大 피터르 브뤼헐Pieter Bruegel de Oude(1525-1569년)
1559년, 오크 패널에 유채, 117×163cm, 베를린 국립 회화관

그림 한가운데 붉은 옷을 입은 여인이 파란 겉옷을 남편에게 입혀주고 있다. 어떤 상황일까? 네덜란드 속담에서 "남편에게 파란 옷을 입힌다"는 것은 아내가 남편을 속이고 있다는 의미다. 16세기 플랑드르의 위대한 화가 대大 피터르 브뤼헐은 자그마치 112개의 네덜란드 속담을 한 화면에 오밀조밀 그려 넣었다. 그림 앞쪽의 삽질하는 남자는 "소 빠진 후 구멍 메우기"라는 속담으로 소중한 것을 잃어버린 후에야 후회하는 어리석은 사람들을 꼬집고 있다. 그의 옆에는 "한 사람은 양털을, 한 사람은 돼지털을 깎는다"는 속담을 표현한 것이다. 한 사람이 모든 이득을 가져가고 다른 사람은 아무것도 얻지 못하는 상황을 말한다. 이외에도 지나친 풍족함을 뜻하는 "지붕 위의 타르트 얹기", 무모한 시도를 의미하는 "벽에 머리 박기", 쓸모없는 일에 시간을 낭비하는 사람을 경계하는 "달에 오줌 누기", 믿을 수 없는 사람과 사귄다는 뜻의 "악마에게 촛불 바치기" 등이 있다. 화가는 뒤죽박죽 섞여 있는 속담들을 하나씩 찾아가면서 자신의 행동을 되돌아볼 수 있기를 바란 게 아닐까?

베르툼누스는 로마 신화에서 '계절의 신'을 칭하며, 이는 '변화하다'라는 뜻의 라틴어 베르테레ver-tere에서 파생된 단어다. 그는 식물의 성장과 정원, 과수원을 관장하는 신이기도 하다. 베르툼누스는 포모나와의 사랑 이야기로도 잘 알려져 있다. 아름다운 여인 포모나는 많은 신들의 구애를 받았음에도 정원을 가꾸는 일에만 빠져 지냈다. 그러자 자유자재로 모습을 바꿀 수 있던 베르툼누스는 할머니로 변신해서 포모나에게 자신의 사랑을 고백하고 그녀의 마음을 사로잡았다.

16세기 이탈리아의 궁정 화가 아르침볼도는 과일과 채소를 이용해 베루툼누스 이름에 걸맞은 초상화를 그렸다. 사과, 배, 체리, 포도, 아티초크, 완두콩, 옥수수, 밀, 양파, 양배추와 꽃들이 완벽한 조화를 이루었기에, 당시 사람들은 기이하고 오묘한 수수께끼처럼 재미있고 매력적인 이 작품 속으로 빠져들었다.

베르툼누스Vertumnus
주세페 아르침볼도Giuseppe Arcimboldo(1527-1593년)
1591년, 패널에 유채, 70×58cm, 스코클로스테르 성, 호보

카드놀이에서 다이아몬드 에이스로 속임수를 쓰는 사람 Le Tricheur à l'as de carreau

조르주 드 라 투르Georges de La Tour(1593-1652년)
1636-1638년경, 캔버스에 유채, 106×146cm, 루브르 미술관, 파리

카드 게임에서 이기는 사람은 누구일까?
차분하고 조용한 분위기지만, 주고받는 눈빛에서 팽팽한 긴장감이 느껴진다. 하지만 승자가 누구인지는 금방 알아챌 수 있다. 왼쪽의 남자가 등 뒤의 허리춤에서 다이아몬드 에이스 카드를 몰래 꺼내고 있기 때문이다. 가운데 앉은 여인은 그가 속임수를 쓸 수 있도록 도와주는 공범이다. 타이밍을 보며 눈짓을 보내고 있다. 그 곁에 선 하녀도 와인을 건네며 상대편의 주의를 분산시킨다. 희생자는 당연히 오른쪽의 청년이다. 화려한 차림새와 앞에 수북이 놓인 금화로 꽤 부유하다는 사실을 알 수 있다.

17세기 프랑스에서 활동한 화가 조르주 드 라 투르는 단순한 형태와 고요한 분위기의 신비로운 종교화를 주로 그렸다. 이 그림에서는 속임수에 당하는 청년을 통해 욕심과 향락에 빠진 생활을 경고하고 있다.

"회화는 말 없는 시, 시는 말하는 회화."
고대 그리스의 시인 시모니데스는 이렇게 말했다. 17세기 네덜란드의 화가 페르메이르는 그림을 어떻게 생각했을까? 세련되고 값비싼 의상을 차려입은 화가가 이젤 앞에 앉아 그림을 그리고 있다. 그의 모델은 역사의 여신 클리오다. 선명한 파란 드레스를 입은 여신은 머리에 월계수를 쓰고 트럼펫과 책을 들고 있다. 그러나 여신이 서 있는 장소는 17세기 네덜란드의 평범한 중산층 가정이다. 살짝 엿보듯 넘겨진 커튼 너머 가장 시선을 끄는 것은 벽에 걸린 네덜란드의 지도다. 델프트에서 평생을 보낸 그의 현실을 그대로 보여주는 공간에서 그는 어떤 예술을 꿈꿨을까? 그 대답은 상상에 맡길 수밖에 없지만, 페르메이르는 이 그림을 무척 맘에 들어 해 빚을 지고 힘겨운 생활 속에서도 죽을 때까지 이 그림만은 팔지 않았다고 한다.

회화의 기술 De schilderkunst
요하네스 페르메이르 Johannes Vermeer(1632-1675년)
1666-1668년, 캔버스에 유채, 120×100cm, 미술사 미술관, 빈

카를로스 4세의 가족
La familia de Carlos IV

프란시스코 데 고야
Francisco de Goya(1746-1828년)
1800년, 캔버스에 유채, 280×336cm
프라도 미술관, 마드리드

이 그림에는 모두 몇 명이 등장할까?
왼쪽 그늘 캔버스 앞에 서 있는 화가 고야를 포함해 모두 열네 명이다. 왕의 가족을 그린 초상화지만, 한가운데 있는 사람은 다름 아닌 왕비 마리아 루이사다. 당시 왕비는 무능했던 왕을 대신해서 국정을 운영했는데, 어쩌면 그러한 상황이 그림에 드러난 것인지도 모른다. 한편 카를로스 4세는 오른쪽으로 살짝 비켜서 있다. 국왕답게 화려한 의상과 훈장으로 치장했지만 다소 흐릿해 보이는 인상이다. 왼쪽의 푸른 옷을 입은 젊은이는 장차 페르난도 7세가 될 첫 번째 왕자다. 왕자의 옆에서 얼굴을 뒤로 돌리고 있는 여인은 나중에 그의 아내가 될 사람이 정해지면 그려 넣을 예정이었다.

1800년 당시 에스파냐의 수석 궁정 화가로 활약하던 고야는 왕의 가족을 완벽한 모습이 아닌 평범한 사람들로 묘사했다. 무능한 왕을 풍자한 것이라는 해석도 있지만, 의외로 카를로스 4세는 이 초상화를 무척 마음에 들어 했다고 전해진다.

알제리의 여인들
Femmes d'Alger dans leur appartement
외젠 들라크루아 Eugène Delacroix(1798-1863년)
1834년, 캔버스에 유채, 180×229cm
루브르 미술관, 파리

"선명한 색깔이 마치 식도를 타고 흐르는 와인처럼 눈 속으로 들어와 당신을 취하게 만든다."
후기 인상주의 화가 폴 세잔은 들라크루아의 그림을 보며 이렇게 감탄했다. 19세기 낭만주의를 대표하는 화가 들라크루아는 소설이나 역사 속의 이야기를 화려하고 아름다운 색으로 되살려 냈다. 특히 1832년에 에스파냐 외교 사절단을 따라 모로코와 알제리를 여행한 경험은 그에게 큰 영향을 미쳤다. 그는 이국적이고 감각적인 이슬람 문화에 깊은 감명을 받아 수많은 스케치를 남겼는데, 이 작품은 그가 여행에서 돌아와 처음으로 그린 작품이다. 들라크루아가 알제리에 머문 기간은 단 3일뿐이었지만, 한 상인의 초대를 받아 외지인들에게 알려지지 않은 가정생활을 엿볼 수 있었다. 물담배와 석탄 화로, 양탄자와 여인들의 장신구가 얼마나 세밀하게 표현됐는지 살펴보자. 이방인의 눈에 비친 신비로운 동양 문화가 화가의 마법 같은 붓으로 다시 태어났다.

화가의 작업실 L'Atelier du peintre
귀스타브 쿠르베 Gustave Courbet(1819-1877년)
1854-1855년, 캔버스에 유채, 361×598cm, 오르세 미술관, 파리

"나는 내가 직접 본 것만 그리겠어!"
19세기의 프랑스 파리, 세계 예술의 중심지인 그곳에서는 자크루이 다비드, 장 오귀스트 도미니크 앵그르를 필두로 장엄하고 엄숙하게 종교화, 신화를 그리는 신고전주의와 강렬한 색채, 거친 붓질로 신화, 문학의 상상 세계를 그리는 외젠 들라크루아의 낭만주의가 치열하게 대립하고 있었다. 여기에 이 두 가지 사조 모두를 반대하며 모름지기 화가는 자신이 직접 본 것, 동시대의 일상을 있는 그대로 그려야 한다고 강하게 주장하는 이가 등장했다. 귀스타브 쿠르베가 바로 이 사실주의를 대표하는 화가다. '7년간 이루어진 나의 예술적, 도덕적 삶의 국면을 결정짓는 진정한 알레고리'라는 부제가 달린 이 그림은 가로 6미터, 세로 3.6미터에 달하는 대작이다. 화면 중앙에 캔버스를 놓고 그림을 그리는 쿠르베 자신을 기준으로 화면 오른쪽에는 그와 정신적, 사상적, 예술적인 영향을 주고받는 철학자 프루동, 비평가 샹플뢰리, 시인 보들레르, 미술품 수집가이자 후원자인 알프레드 브뤼야 등이 자리하고, 화면 왼쪽에는 힘겨운 노동으로 하루하루를 버티는 일반 대중의 일상을 대변하는 인물들이 모여 있다. 즉 쿠르베는 한 시대를 살아가는 예술가의 역할에 있어 자신의 눈으로 직접 본 현실을 결코 외면해서는 안 되는, 이상과 현실 사이의 매개자라 선언하고 있다.

아델레 블로흐바우어의 초상 I
Portrait of Adele Bloch-Bauer I
구스타프 클림트Gustav Klimt(1862-1918년)
1907년, 캔버스에 유채, 금, 은, 138×138cm
노이에 갤러리, 뉴욕

"부인, 긴장할 것 없어요. 편히 앉아서 나를 봐요."
스물여섯 살의 젊은 부인 아델레는 20세기 초 오스트리아 빈의 살롱에서 가장 큰 영향력을 지닌 인물에 속했다. 부유한 집안 출신으로 역시 부유한 사업가와 결혼한 그녀의 살롱에 자주 드나드는 인물로 작곡가 구스타프 말러와 리하르트 슈트라우스, 작가 슈테판 츠바이크, 화가 구스타프 클림트 등이 있었으니, 모두 당시 오스트리아 문화 예술계를 주름잡은 인물들이었다. 그중에서 각별한 사이라는 소문이 돌기도 한 클림트의 눈에 아델레가 어떠한 이미지로 비쳤는지, 이 그림에서 확인할 수 있다. 그녀의 나이 많은 남편의 의뢰로, 클림트가 3년에 걸쳐 완성한 초상화의 금빛으로 휘몰아치는 화려한 화면에서는 오직 부인의 얼굴만이 입체적으로 묘사되었다. 그녀의 목과 어깨 이하의 몸은 어느 순간 황금빛 기하학적 무늬들로 뒤덮인 벽, 의자, 드레스와 하나가 되어 평평한 장식면이 되었다. 황금빛 물결 속에서 떠오른 듯한 아델레의 하얀 얼굴은 그래서 더욱 돋보이는데, 병약한 듯한 이면에 강한 자의식이 엿보이며 우아하고 지적인 데 더해 오만함과 퇴폐적인 분위기가 뒤섞여 보인다. 클림트에게 소중한 후원자이던 아델레는 시대를 초월해 영원불멸할 것만 같은 여왕이자 여신이 아니었을까?

한희재의 밤 연회 풍경(부분)韓熙載夜宴圖卷
고굉중顧閎中
오대五代 남당南唐, 비단에 채색, 28.7×333.5cm, 북경고궁박물원

중국 오대십국五代十國 시대, 한희재韓熙載는 후당後唐의 관료이자 문장가이며, 예술가로 이름이 높아 재상의 물망에 오른 인물이었다. 그러나 그의 부친이 어떤 사건에 연루되어 죽자 남당南唐으로 도망쳐왔다. 남당의 군주 이욱李煜은 북방에서 투항한 한희재에게 의심을 품고, 심복인 화가 고굉중을 보내 그가 무엇을 하고 지내는지 염탐하게 했다. 이에 한희재는 질펀한 잔치를 벌여 정탐꾼에 대처한다. 그 이유의 하나는 자신은 주색과 노래에 빠져 지내니 의심하지 말라는 것이고, 다른 하나는 남당의 정치에 관여하지 않겠음을 말하는 것이다. 대화가 고굉중은 술과 음식이 풍성하고 춤과 노래로 시끌벅적한 밤 연회 광경을 마치 사진을 찍은 듯 생생하게 그려 왕에게 보고했다. 3미터가 넘게 이어지는 이 두루마리 그림은 다섯 장면으로 이루어져 있으며, 주인공 한희재는 직접 노래와 춤을 가르치거나 옷을 풀어헤치고 여인들에게 둘러싸여 있는 등 다양한 모습으로 등장한다. 10세기 중국인들의 우아하고도 흥겨운 풍류를 들여다보자.

나카무라 가부키 극장 병풍(부분) 図屛
히시카와 모로노부　(1618-1694년)
겐로쿠 祿 시대에서 조쿄　시대(1684-1704년), 금박 종이에 먹과 채색, 139.8×355.2cm, 보스턴 미술관

"아이고, 시작했네, 시작했어. 임자가 치장한다고 꾸무럭거려 늦었잖아!"
"얼른 가서 앞쪽에 좋은 자리가 있는지 살펴봐요!"
에도 시대의 어느 한가로운 봄날. 뭉게뭉게 피어오른 금빛 구름을 헤치고 보니 일본 전통극인 가부키[歌舞伎] 공연이 흥겹게 펼쳐지고 있다. 즉석 연주에 맞추어 무대 위에서 노래하고 춤추는 이들의 살랑거리는 몸짓, 이쪽저쪽을 향하는 시선, 다채로운 의상이 관객의 눈과 귀를 일찌감치 사로잡았다. 오늘날과 다르게 구경거리, 오락거리가 많지 않던 시절이기에 남녀노소 많이들 모여들었다. 아이에게 젖을 물려야 하는 엄마도, 물건을 팔러 다니는 봇짐장수도, 먼 길 떠날 채비를 하고 집을 나선 이들도, 모두 무대 앞에 자리를 차지하고 앉았다. 당시 에도의 최대 유흥가는 요시와라[吉原] 같은 큰 유곽과 그 주위에 늘어선 가부키 극장 근처로, 신분의 속박을 잠시 내려두고 자유롭게 자신을 펼칠 수 있는 이곳은 단순한 홍등가를 넘어 문화 예술의 중심지요, 최신 유행을 선도하는 지역이었다. 화가 히시카와 모로노부는 이 시절의 생활상을 경쾌하고 생동감 넘치게 묘사하는 데 능했으며, 그로부터 우키요에[浮世繪]가 시작되었다고 일컬어진다.

| 명화 속 틀린 그림 찾기 시리즈 | **흥미로운 퍼즐과 풍요로운 예술의 만남!**

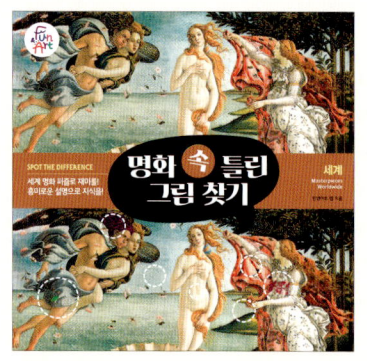

명화 속 틀린 그림 찾기 001
– 세계 Masterpieces Worldwide

편앤아트 랩 지음 | 96쪽 | 값 13,000원

동서양의 명화 30점을 엄선해 한 권에 담았다. 르네상스 시대의 걸출한 천재 다 빈치, 네덜란드 황금시대의 페르메이르, 짧은 생애만큼이나 강렬한 그림을 남긴 반 고흐, 모든 갈래에서 완벽한 화풍을 보인 김홍도, 비극적 삶마저 신화로 남은 이중섭까지, 시선을 사로잡는 세계 명화를 구석구석 누비는 동안 잠든 두뇌가 깨어나고 그림 보는 눈이 자라난다.

명화 속 틀린 그림 찾기 002
– 서양 Western Masterpieces

편앤아트 랩 지음 | 96쪽 | 값 13,000원

한 권의 책으로 드넓은 서양 미술의 바다를 항해한다. 상징과 기원으로 그려낸 중세 회화에서 출발해 피렌체에서 화려하게 꽃핀 르네상스 미술, 소박하고 현실적인 풍경을 담아낸 플랑드르 미술, 파리에서 태어나 유럽 전체로 퍼져나간 인상주의, 파격과 혁명으로 저마다의 길을 개척한 근현대 미술에 다다르기까지 미켈란젤로, 렘브란트, 고야, 밀레, 마티스 등 대가들의 작품이 길을 인도한다.

명화 속 틀린 그림 찾기 003
– 반 고흐 Vincent Van Gogh

편앤아트 랩 지음 | 96쪽 | 값 13,000원

강렬한 색감으로 조용히 소용돌이치는 불꽃들! 〈해바라기〉, 〈감자 먹는 사람들〉, 〈밤의 카페 테라스〉, 〈별이 빛나는 밤〉, 〈까마귀가 나는 밀밭〉, 〈자화상〉 등 오늘날 전 세계인들에게 가장 널리 사랑받는 화가 빈센트 반 고흐의 작품을 연대순으로 따라가며 화법의 변화를 살피고, 동생 테오와 주고받은 편지를 통해 그의 내면과 예술 세계를 함께 들여다본다.

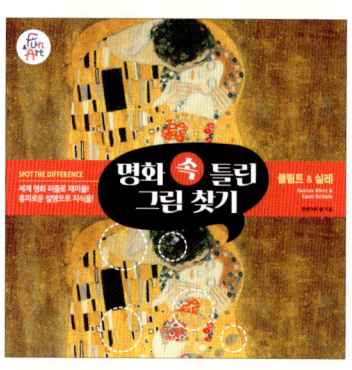

명화 속 틀린 그림 찾기 004
– 클림트 & 실레 Gustav & Schiele

편앤아트 랩 지음 | 96쪽 | 값 13,000원

찬란한 황금빛과 화려한 색채로 관능적인 여성, 성性과 사랑, 삶과 죽음을 그려낸 화가 클림트. 불안한 청춘의 고뇌를 성에 대한 강박, 고독, 죽음으로 풀어낸 에곤 실레. 때로는 스승과 제자로, 때로는 동료 예술가로 같은 시공간을 산 두 화가의 대표작을 통해 19세기 말, 20세기 초 화려함과 불안감이 뒤섞인 오스트리아 빈을 만난다.

번잡하고 따분한 일상에 단순한 몰입과 발견의 기쁨을 선물합니다.

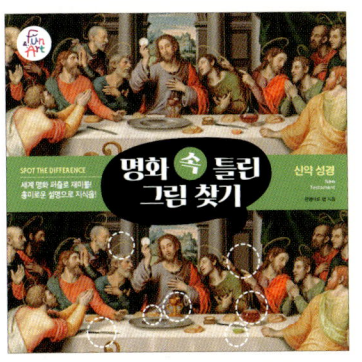

명화 속 틀린 그림 찾기 005
- 신약 성경 New Testament

편앤아트 랩 지음 | 96쪽 | 값 13,000원

명화로 만나는 신약 성경. 천사가 성모 마리아에게 성령으로 잉태할 것을 알리는 수태고지부터 동방박사의 경배, 성 가족의 이집트 도피, 그리스도의 세례와 수난, 부활에 이르기까지 예수의 생애 전반을 다룬다. 틀린 그림 찾기를 통해 서양 미술은 물론 전 세계의 역사와 문화에 막대한 영향을 끼친 기독교의 상징들을 읽어내는 눈을 기른다.

명화 속 틀린 그림 찾기 006
- 구약 성경 Old Testament

편앤아트 랩 지음 | 96쪽 | 값 13,000원

명화로 만나는 구약 성경. 인류의 탄생을 그린 천지창조부터 시작해 아담과 이브의 에덴동산 추방, 대홍수와 노아의 방주, 바벨탑 건설, 이삭을 제물로 바친 아브라함, 애굽으로 팔려간 요셉, 이스라엘 민족의 이집트 탈출과 시나이 계약 등 구약 성경의 주요 사건과 다윗과 골리앗, 솔로몬, 삼손과 데릴라 등 성경 속 인물들의 이야기를 살펴본다.

명화 속 틀린 그림 찾기 007
- 우리 옛 그림 Korean Masterpieces

편앤아트 랩 지음 | 96쪽 | 값 13,000원

먹선 사이를 거닐며 우리의 옛 그림을 산책한다. 고려 시대의 불화부터 한반도의 강산을 옮겨놓은 산수화, 익살스러운 삶의 풍경을 담은 풍속화, 세밀하고 아기자기한 행렬도, 사람의 인품마저 풍겨 나오는 인물화, 살아 숨 쉬는 듯한 동물화와 온갖 신비로운 물건을 진열해둔 책거리까지, 국보와 보물을 아우르는 다채로운 한국화의 세계가 펼쳐진다.

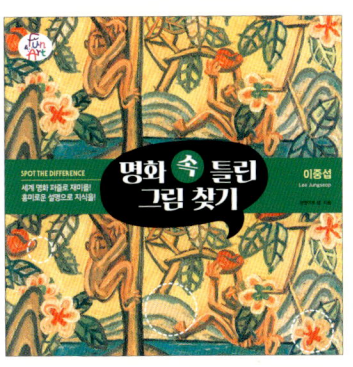

명화 속 틀린 그림 찾기 008
- 이중섭 Lee Jung Seop

편앤아트 랩 지음 | 96쪽 | 값 13,000원

명화로 만나는 구약 성경. 인류의 탄생을 그린 천지창조부터 시작해 아담과 이브의 에덴동산 추방, 대홍수와 노아의 방주, 바벨탑 건설, 이삭을 제물로 바친 아브라함, 애굽으로 팔려간 요셉, 이스라엘 민족의 이집트 탈출과 시나이 계약 등 구약 성경의 주요 사건과 다윗과 골리앗, 솔로몬, 삼손과 데릴라 등 성경 속 인물들의 이야기를 살펴본다.

명화 속 틀린 그림 찾기 001-세계

초판	**1쇄 펴냄**	2022년 1월 20일
개정판	**1쇄 펴냄**	2024년 7월 10일
지은이		편앤아트 랩
펴낸이		신민식 신지원
펴낸곳		도서출판 지식여행
출판등록		제2010-000113호
주소		서울시 마포구 토정로 222 한국출판콘텐츠센터 419호
전화		영업(휴먼스토리) 070-4229-0621 편집 02-333-1122
팩스		02-333-4111
이메일		editor@jisikyh.com
ISBN		978-89-6109-536-5 14650
		978-89-6109-535-8 14650 (세트)

* 책값은 뒤표지에 적혀 있습니다.
* 잘못된 책은 구입한 곳에서 바꾸어 드립니다.
* 이 책의 전부 또는 일부 내용을 재사용하려면 사전에 도서출판 지식여행의 동의를 받아야 합니다.